Developing Chinese

Advanced Speaking Course

高级口语

（Ⅰ）

主　编：李　泉
副主编：么书君
编著者：王淑红

© 2025 北京语言大学出版社，社图号 25068

图书在版编目（CIP）数据

发展汉语高级口语. Ⅰ / 李泉主编；么书君副主编；
王淑红编著. -- 3版. -- 北京：北京语言大学出版社，
2025.7. -- ISBN 978-7-5619-6784-3

Ⅰ. H195.4

中国国家版本馆 CIP 数据核字第 20255A4Y73 号

发展汉语（第三版）高级口语（Ⅰ）
FAZHAN HANYU (DI-SAN BAN) GAOJI KOUYU (Ⅰ)

排版制作：	北京青侣文化创意设计有限公司
责任印制：	周 燚

出版发行：	北京语言大学出版社
社　　址：	北京市海淀区学院路15号，100083
网　　址：	www.blcup.com
电子信箱：	service@blcup.com
电　　话：	编 辑 部　8610-82303647/3592/3395
	国内发行　8610-82303650/3591/3648
	海外发行　8610-82303365/3080/3668
	北语书店　8610-82303653
	网购咨询　8610-82303908
印　　刷：	天津嘉恒印务有限公司

版　次：	2005年12月第1版	印　次：	2025年7月第1次印刷
	2011年11月第2版	开　本：	889毫米×1194毫米 1/16
	2025年7月第3版	印　张：	12.50
字　数：	193千字	定　价：	52.00元

PRINTED IN CHINA

凡有印装质量问题，本社负责调换。售后QQ号1367565611，电话010-82303590

Preface

总前言

  《发展汉语》从第一版（2004—2006），到全面升级为第二版（2011—2013），已发行200余万册。第二版入选国家级规划教材，不仅在中国被广泛采用，也被海外许多国家选用，另有数百篇研究教材的文章和硕博论文以其为研究对象，俨然成为国际中文教育知名教材。我们感谢海内外同行的支持与认可，同时也深切感到，时代在发展，科技在进步，教学实践在深入，汉语本体和汉语二语教学的研究成果在不断增多，教材理应合理吸收；与此同时，教材本身有些理念和教法也需要更新，有些话题和课文已显陈旧，有些课文偏长偏难，有些注释和练习可换可弃。

  为使教材与时俱进，亦是参照经典二语教材维护的惯常做法，我们组织了以中国人民大学为主的跨院校编写团队，以第二版为基础，制定了"扬长避短，去旧增新；适当瘦身，留有空间；有所突破，有所创新"的总编修原则，对教材进行了全面编修。第三版新编和修订几乎各占一半。新编教材融入了新理论和新方法，同时保持经过实践检验的编写理念与编写方式；修订教材保留了成熟的编写框架和有效的训练体系，同时着力对教材整体和局部进行创新设计与实施。

  本版教材在充分体现汉语汉字及其作为二语教学的特点，特别是优化汉语二语技能训练的方式方法方面，做出了新的努力；在突破现有课文编选理念与编选范围，特别是突破现有初级汉语教材编写模式方面，做出了新的尝试；在突出汉语语素教学，特别是构建汉语语篇语法教学体系方面，做出了新的探索。

◎ 教材体系

  《发展汉语》（第三版）采用"专项语言技能训练与综合语言能力培养相结合"的第二语言教学及教材编写模式。全套教材分为"三个层级、六个系列"，即纵向分为初、中、高三个层级，横向分为"综合、口语、听力、阅读、写作、初级读写"六个系列。其中，综合系列为主干教材，口语、听力、阅读、写作、初级读写系列为配套教材。

  全套教材共28册34本，包括：初级综合（Ⅰ、Ⅱ）、初级口语（Ⅰ、Ⅱ）、初级听力（Ⅰ、Ⅱ）、初级读写（Ⅰ、Ⅱ）；中级综合（Ⅰ、Ⅱ）、中级口语（Ⅰ、Ⅱ）、中级听力（Ⅰ、Ⅱ）、中级阅读（Ⅰ、Ⅱ）、中级写作（Ⅰ、Ⅱ）；高级综合（Ⅰ、Ⅱ）、高级口语（Ⅰ、Ⅱ）、高级听力（Ⅰ、Ⅱ）、高级阅读（Ⅰ、Ⅱ）、高级写作（Ⅰ、Ⅱ）。其中，每一册听力教材均分为"文本与答案"和"练习与活动"两本。

◎ 适用对象

《发展汉语》(第三版)是一套完整的汉语二语教学体系、一个大型的汉语学习资源平台，可满足初(含零起点)、中、高各层次综合课及听力、口语、阅读、写作等课程的教学之需，可供来华学习汉语言专业的本科生，学习文科、理工、经贸、医学等专业的预科生，长短期汉语进修生教学选用，亦可供海外相关层级和需求的汉语教学选用。

◎ 编用理念

编用理念即本套教材编写和使用的指导思想，包括如下两大理念：

一是"集成、多元、创新"。集成即对语言要素、语言知识、国情知识、文化知识以及听、说、读、写四项技能的系统吸纳与整合；多元即对教学法、教学理论、教学信念、教学大纲、教学资源、训练方式和手段的兼容并包；创新即在遵循汉语作为第二语言教学规律、继承既往成熟的教学经验、汲取新的教学和教材编写研究成果的基础上，对各系列教材进行整体和局部的特色设计与实施。

二是"发展、巩固、提高"。发展意味着由少到多、由简单到复杂、由生疏到熟练、由模仿创造到自如运用。"发展汉语"寓意发展学习者的汉语知识和中国国情知识，发展学习者的汉语交际能力，发展学习者的汉语学习能力。巩固是发展的基础和保障，巩固意味着需要不断复习和强化既往所学知识和技能，正所谓熟能生巧。提高是发展和巩固的目的所在，充分的发展和扎实的基础是提高的前提和保障，而提高意味着新的发展。

◎ 编用目标

编用目标即本套教材编写和使用的目标，具体如下：

总体目标：全面发展和提高学习者的汉语语言能力、汉语交际能力、中国国情与文化认知和理解能力、汉语口语和书面语综合运用能力、汉语学习兴趣和学习能力。

具体目标：通过规范的汉语、汉字知识和相关文化知识的教学，以及科学而系统的听、说、读、写语言技能训练，全面培养和提高学习者对汉语要素(语音、汉字、词汇、语法)形式与意义的辨别和组配能力，在具体话语语境和文本语境中准确接收和输出语言信息的能力，体认中国国情和中国文化的能力，运用汉语进行适合语境和语篇特征的口语和书面语表达能力；通过教学不断强化学习者汉语学习动机和自主学习能力。

◎ 编写原则

为更好地实现本套教材编用理念和编用目标，特确立如下主要编写原则：

（1）课文编选：遵循第二语言教材编写的针对性、科学性、实用性、趣味性等核心原则编选课文；注重话题和场景、题材和文体、范文和语体的多样化和丰富性，确保教材作为第一学习资源的示范性和可学性。

（2）内容编排：遵循第二语言教材编写由易到难、循序渐进、重复再现等技术原则编排教学内容；注重"语言结构、语言功能、交际情境、文化因素、国情知识、活动任务"的组配与照应，确保语言、文化及交际要素等输入均衡、合理与充分。

（3）技能训练：依据口语、听力、阅读、写作等单项技能和综合技能训练的目标和规律，凸显相关课型的特点及技能训练要求；注重听说、读说、读写、说写等语言技能的综合训练，确保"综合语言能力＋专项语言技能"训练模式优势的发挥。

（4）教学标准：综合参考并优化利用现行各类等级大纲和等级标准、汉语水平考试大纲和通用课程大纲、汉语进修大纲和汉语言专业教学大纲等资源，制定本版各系列教材语言要素、话题分布、功能意念、情景场所、交际任务、文化项目等具体编写大纲，确保教材的规范性和实用性。

◎ 实施重点

为实现本版教材的编用理念、编用目标和编写原则，实现"有所突破，有所创新"的总编修原则，编修过程中除进行其他重要实施外，重点进行了如下两项革新性实施：

（1）《初级综合（Ⅰ）》采取"语文分开"编写模式。以拼音作为汉语教学和学习的文字工具，拼音下面配有汉字，但汉字不作为教学内容，只为方便教师教学，也为学生"熟悉一下汉字"提供便利。主要理据：初级综合教材现行的"语文并进"是拼音文字二语教学的普遍模式，"语文分开"是汉语二语独有的初级汉语教学模式；更为重要的是，入门阶段的汉语教学，利用拼音教授汉语，可以扬拼音之长、避汉字之短，可以快速提高学习者的汉语能力，可以有效避免汉语教学与汉字教学难以同步的困扰。

（2）《初级读写（Ⅰ）》承担系统的汉字教学任务。按照汉字结构规则和书写规则，依次由笔画最少的独体字到笔画较多的独体字、由笔画较少的合体字到笔画较多的合体字进行教学。主要理据：《初级综合（Ⅰ）》采用了"语文分开"编写模式，用拼音教汉语，就应该有单独教授汉字的配套教材；更为重要的是，按照汉字自身规律，由易到难、循序渐进地进行汉字认读和书写教学，有利于凸显汉字的理据性和易学性，有利于学习者系统掌握汉字的构成要素、构成特点和书写规则，有利于提高汉字教学的质量和效益。

"语文分开"是中国对外汉语教学界于20世纪50年代初，基于汉语汉字的特点建构的教学模式，但先辈们对教学实践的总结却认为此模式弊多利少，转而采取了普遍适用于拼音文字的"语文并进"教学模式，从而使汉字失去了独立的教学地位，成为汉语教学的附庸。由此来看，本版所谓革新性实施，不过是把本属于汉语独有的教学模式恢复其应有的教学地位，把本应按汉字自身特点和教学规律单独进行的汉字教学落到实处。

需要说明的是，"语文并进"在中国对外汉语教学界一统天下 70 余年，几代教师已然习惯了这一教学模式，而对"语文分开"教学模式，即用拼音进行"语"的教学可能不太习惯。因此，特别希望年轻教师能够努力适应这种教学模式，既能熟练地用拼音拼写汉语，也能熟练地阅读（直读）拼音文本。事实上，既能用汉字教汉语，也能熟练地用拼音教汉语，是信息化时代国际中文教师必备的素养和技能。

◎ **教学信念**

教学和学习信念无处不在，并深刻地影响教学和学习的效果。下面是我们"信以为真"的若干重要的教学和学习信念，希望使用本套教材的师生也能信以为真，并加以实践。

（1）语言是工具。任何工具都是在不断使用的过程中被掌握的，要把语言当作交际工具而不是知识体系来教来学，因此各种"用"的训练更为重要。语言和文化知识的教学和习得是首要和必要的，但听、说、读、写语言技能的训练和获得才是最根本的。

（2）教材是媒介。既要教和学教材的内容，也要利用教材的内容去教和学相关的内容，而不是只教、只学教材。教材不过是语言教学和学习的重要媒介和资源，而不是语言教学和学习的全部，教材之外学语言、课堂之外学语言，同样重要。

（3）备课决定成败。教师务须亲自备课、深度备课，这既是教师专业发展的重要途径，也是用好教材和上好课的前提。否则，再好的教材也无济于事。

（4）预习复习事关重大。学习者务须预习新课，最好是深度预习；务须复习旧课，最好是不断复习。预习乃"先知先觉"，自我学习；复习乃"重新学习"，温故知新。

（5）课文教学乃重中之重。课文是语言教学和学习的主体内容、核心内容，务须以各种方式使学习者学懂、真懂、全懂，并且最好熟记于心、牢记于心、脱口而出。

（6）在语境中教授和学习词语与语法。在语句、语段乃至语篇中教授和学习词语和语法，也即在语境中理解词语和语法的意思和用法，而不是孤零零地进行词语和语法教学。

（7）应用技术而不被技术所左右。关注和应用现代教育技术，努力拓展教学途径，提升教学效益，但不为技术所左右，更不为应用而应用。智慧教育的前提是教育理念智慧化，应甄别和评估技术运用的实际效果，始终不忘培养学习者语言能力这一初心和使命。

Instructions for Use

使用说明

◎ **适用对象**

《发展汉语（第三版）高级口语（Ⅰ）》，适合学习过《发展汉语（第三版）中级口语（Ⅱ）》或与此程度相当的中级口语教材，具备高级口语入门水平的学习者使用。

◎ **教材目标**

训练和提高学习者的高级口语综合表达能力及在社会生活中的交际能力。具体而言，学完本教材，学习者应达到以下目标：

（1）能恰当地选择相关的词汇和言语方式，表达自己的思想感情。

（2）能使用较为地道的口语表达方式，进行得体的语言表达。

（3）能就社会生活中的广泛话题进行对话、交流，能完整、自然地表达自己的想法，有较强的语篇表达能力。

（4）初步形成用汉语思维的习惯。

◎ **特色追求**

（1）话题注重时代性、趣味性、广泛性

力求从学习者的兴趣、能力和需求出发，选择当代社会生活的热门话题和热点问题，话题广泛涉及社会生活、人文科学、社会科学的各个方面，既注重中国国情、中国文化，也注意选择具有人类文化通感的话题，力求多角度、多侧面地呈现同一话题的不同观点，激发学习者的表达欲望，并为表达创造条件和氛围。

（2）课文注重典范性、多样性、可复制性

课文注重展示地道的、规范的口语，注重词汇、句式的多样化输入方式。力求通过课文的学习和口语技能的训练，使学习者把所学内容和技能运用到其他相同或相近的话题和情境中，并进行创造性的口语表达。

（3）活动注重层次性、任务型、灵活性

遵循"小步快走"的编写理念，采用分段式课文，控制课文的长度和难度，以便增强学习者的兴趣和成就感。课堂活动与任务设计力求体现层次性和梯度，帮助学习者提高对语言技能的掌握和自然运用能力。参与性练习、任务型练习和自主性学习相结合，以增加教材活动和练习的灵活性。

◎ 使用建议

（1）本书共 13 课及 1 个活动页。建议每课用 4 课时完成。

（2）"学习表达"为重点训练的语法项目、功能项目和口语格式，建议根据需要进行讲解或操练，灵活使用。

（3）"热身"为教学导入专门设计，以小短文、小故事、小调查和案例等引起学习者兴趣，关联相关背景，为新课学习做铺垫，可合理取舍或引导学习者提前自主学习。

（4）"课文"为分段式设计，两段课文围绕同一主题，提供不同信息点，引导学习者提升思辨能力。课文消化方式可根据具体情况安排，如集体学习、分组学习、课前自学+课上讨论、学习者讲述等。

（5）"课堂活动与任务"采取从词汇、句式到语段的设计，先结合课文，后结合学习者生活实际，以实现"先学习怎么说而后自由表达"的过程。建议与课文内容结合，随学随练，充分体现教材的灵活性和学习者的自主性。

（6）"课文链接"提供该课主题的补充材料，并提炼了内容关键句，可选择使用，便于学习者扩大词汇量、扩展学习内容，亦可作为学习者表达的参考或观点的论据。

（7）"我的收获"供学习者记录本课学习重点、难点或学习心得，培养自主学习能力，建议学习者认真完成，教师及时反馈。

（8）"活动页"为口语测试、输出展示或主题活动设计，以思维导图为引导，培养学习者用汉语思考的习惯和思辨能力，提升其自主学习的意识和能力。活动页中思维导图的形式还可用于每课的学习和复习。

◎ 特别期待

对学习者：

◎ 课前认真预习，课后不忘复习。

◎ 坚信"保持沉默"绝对学不好口语。

◎ 坚信"多问多说"就能学好口语。

◎ 自主学习，寻找一切机会说汉语和听汉语。

对教师：

◇ 结合教学内容不断激发学习者的表达欲望，肯定学习者每一次的精彩表达。

◇ 坚信只要学习者用汉语说就是口语的进步，并在学习者表达过程中给予恰当的语言支持。

◇ 帮助学习者把话说下去，而不是忙于纠正言语偏误。

◇ 不断营造适合学习者表达的话题和氛围，而不是忙于讲解。

目 录 Contents

语法术语及缩略形式参照表 ·· IV

学习指南 ·· V

1 快乐会传染 ·· 1
　热身　世界上最快乐的事，你经历了几件？
　课文一　快乐也会传染
　课文二　快乐需要分享

2 个性化教育模式 ·· 13
　热身　个性化教育模式——在家上学
　课文一　在家上学的孩子
　课文二　各方观点

3 真人图书馆 ·· 27
　热身　真人图书馆哪本"书"最受欢迎？
　课文一　什么是真人图书馆？
　课文二　组建"真人图书馆"，征集"大活人"

4 被网络网住的现代人 ·· 39
　热身　社交媒体
　课文一　爱上搜索
　课文二　网络游戏为什么让人如此着迷？

5 老大难问题 ·· 52
　热身　无人驾驶
　课文一　自行车王国的变迁
　课文二　解决拥堵难题

6　人类最糟糕的发明 65
　热身　移动支付
　课文一　人类最糟糕的发明是什么？
　课文二　人类最糟糕的发明排行榜

7　你是其中哪一种 78
　热身　新词新语
　课文一　拼客
　课文二　达人

8　爱美之心，人皆有之 91
　热身　最省钱的瘦身方法
　课文一　爱美之心，人皆有之
　课文二　减肥的原因

9　到底怎样选择，你想好了吗 104
　热身　二十个职场小问题
　课文一　到底谁的错
　课文二　人的想法，各不相同

10　低碳素食 118
　热身　你有环保意识吗？
　课文一　垃圾与垃圾回收
　课文二　你愿意为地球选择低碳素食吗？

11　带什么去旅行 132
　热身　远没你想象的那么多
　课文一　旅行必备
　课文二　郁闷之旅

12　是包袱还是财富 ······ 146

热身　人口老龄化状况
课文一　包袱论
课文二　财富论

13　谁掏钱 ······ 158

热身　目瞪口呆与司空见惯
课文一　正方：AA 制好处多
课文二　反方：AA 制不适合东方文化

活动页 ······ 172
词语总表 ······ 177

语法术语及缩略形式参照表
Abbreviations of Grammar Terms

Grammar Terms in Chinese	Grammar Terms in Pinyin	Grammar Terms in English	Abbreviations
名词	míngcí	noun	n. / 名 *
代词	dàicí	pronoun	pron. / 代
数词	shùcí	numeral	num. / 数
量词	liàngcí	measure word	m. / 量
动词	dòngcí	verb	v. / 动
助动词	zhùdòngcí	auxiliary	aux. / 助动
形容词	xíngróngcí	adjective	adj. / 形
副词	fùcí	adverb	adv. / 副
介词	jiècí	preposition	prep. / 介
连词	liáncí	conjunction	conj. / 连
助词	zhùcí	particle	part. / 助
拟声词	nǐshēngcí	onomatopoeia	onom. / 拟声
叹词	tàncí	interjection	int. / 叹
前缀	qiánzhuì	prefix	pref. / 前缀
后缀	hòuzhuì	suffix	suf. / 后缀
成语	chéngyǔ	idiom	idm. / 成
主语	zhǔyǔ	subject	S
谓语	wèiyǔ	predicate	P
宾语	bīnyǔ	object	O
补语	bǔyǔ	complement	C
动宾结构	dòngbīn jiégòu	verb-object construction	VO
动补结构	dòngbǔ jiégòu	verb-complement construction	VC
动词短语	dòngcí duǎnyǔ	verb phrase	VP
形容词短语	xíngróngcí duǎnyǔ	adjective phrase	AP

* "名词""动词""形容词"在相关句法格式中标记为"N""V""Adj"。

学习指南

课	词语积累	表达方式	交际策略	表达训练
第1课	……圈 ……率 ……性 ……网络 ……坏了	1. 说到……，……会…… 2. 如果……，……就……。如果……，那么…… 3. 由于……，（所以）……，因此…… 4. 不是说……吗？为什么/怎么……？ 5. 把A……坏了	如何开始话题	责问
第2课	……于 不…不… ……龄 ……界 ……度 ……化	1. A 相当于 B 2. 跟 B 不同，A…… 3. 何尝不想……（呢）？ 4. 出于……的考虑 5. ……毕竟……，就算……，也…… 6. 但凡……，也/都……	对事物进行比较	无奈
第3课	活…… ……卡 ……者 ……选 前……	1. 虽然……，却不/没有……，而是…… 2. 所谓……，指的是…… 3. ……，进而…… 4. ……，为的是…… 5. ……，以便……	对事物或概念加以解说	要求
第4课	……上 ……感 好…… ……点 ……力 ……瘾	1. ……、……，甚至……，都…… 2. ……，特别是……，甚至…… 3. 之所以……，（就）是因为…… 4. 动不动（就）…… 5. 除了……还是…… 6. ……，（但）更……的是，……	列举说明	同情、惋惜
第5课	……化 加…… ……型 不可……	1. （过去）……，随着……，（现在）…… 2. （以前）……，现在好了，…… 3. ……，这样一来，…… 4. ……，随之…… 5. 并非……，还……	叙述事物的发展变化	称赞、羡慕

课	词语积累	表达方式	交际策略	表达训练
第6课	……觉 可…… 双…… 备受…… 不可……	1. ……在于…… 2. ……足以…… 3. ……，以至于…… 4. ……的确/确实……，然而/但是…… 5. ……固然……，但是/可是……	用让步转折复句提出不同观点	吃惊、意外
第7课	……领 ……客 …来…去 ……手 ……达人	1. 随（着）……V而V 2. ……可不是……，而是…… 3. 用……的话讲/说 4. V来V去 5. 比A还A 6. 不在话下	篇章主题的推进（总分式、分总式）	强调特长、能力
第8课	……身 超…… 自…… ……钱	1. ……。至于……，…… 2. ……，由此可见，…… 3. ……，（要）不然的话，…… 4. 必须得……，否则……	推断与结论	提醒、劝说或警告
第9课	老…… 发…… 高…… ……值	1. ……乃至…… 2. 把……归咎于…… 3. ……，更有甚者，…… 4. ……，未免…… 5. 虽说……，但……	成语的运用	批评
第10课	过…… ……能 ……品 加……	1. ……，（但）与此同时…… 2. 不仅……，也，同时还…… 3. 不单……，更…… 4. ……，想必…… 5. 不光……，还/也……	用递进关系复句说明看法	估计

课	词语积累	表达方式	交际策略	表达训练
第11课	……途 ……箱 ……单 干……	1. A 远没有 / 远比 B…… 2. 就算 / 即便……，也…… 3. 与其……，不如…… 4. 宁愿 / 宁可……，也（要 / 得）…… 5. 宁可 / 宁愿……，也不（想 / 要 / 能 / 愿）…… 6. 要是……就不至于……	用选择复句说明主张或选择	遗憾、后悔
第12课	预…… 逐…… 平均…… 再……	1. ……显示 / 表明 2. 根据 / 据（……）估算 / 统计 3. 多少 4. 据（……）报道，…… 5. 确实 / 的确 / 诚然如……所说，但是 / 可是……	用转述的内容对问题加以说明	反对
第13课	……制 欠…… ……感 ……情	1. 争着抢着…… 2.（如果）……还好说 / 还好办，而……，就…… 3. 如果……（会）……；（而）如果……（又会）…… 4. 要是……还好，倘若……，…… 5. 心里有数	假设复句连用加以说明	打断、插话

VII

1 快乐会传染

学习表达

▶ 一、说到……，……会……

1. 说到"传染"，很多人不禁会皱起眉头。
2. 说到北京的名胜古迹，人们往往会首先想到长城、故宫。
3. 说到快乐，每个人的感受可能会不一样，那么我们今天就来交流一下。

▶ 二、如果……，……就……。如果……，那么……

1. 如果你的配偶或兄弟姐妹的朋友很快乐，你快乐的概率就会增加10%。如果你的第三层社交圈，比如说朋友的朋友很快乐，那么你快乐的概率也会增加6%。
2. 如果大家同意这个计划，我们就马上开始。如果还有不同意见，那么请大家都提出来。
3. 如果你能在5分钟内完成，你就可以获得10分。如果你在3分钟之内完成了，那么你就可以获得30分。

▶ 三、由于……，（所以）……，因此……

"所以""因此"位置可以互换。

1. 由于这一天大家都不会出门，球场上一个人也没有，因此他觉得不会有人知道他违反了规定。
2. 由于考试时间非常紧张，（所以）你几乎没有时间检查，因此一定要把握好做题的节奏。
3. 由于最近比赛比较多，（所以）队员的体能有所下降，因此大家对获胜并没有抱太大的希望。

▶ 四、不是说……吗？为什么/怎么……？

1. 你不是说要惩罚他吗？为什么还不见有惩罚？
2. 不是说每个人都一样吗？为什么他可以例外？
3. 你们不是说参赛的都是世界级选手吗？怎么一个有名的球员也没有？

▶ 五、把 A……坏了

1. 打完十八洞，成绩比任何一位世界级的高尔夫球手都优秀，这可把长者乐坏了。
2. 到了机场，突然发现护照没带，这可把他急坏了。
3. 小李找到了一份银行的工作，把他高兴坏了，马上打电话告诉了父母，还发了个朋友圈。

热身　世界上最快乐的事，你经历了几件？

什么才是世界上最快乐的事？下面这些你又经历过几件呢？

- 花开的时节，有赏花的心情。
- 有人背后称赞你，被你无意中听到或者有人转告给你。
- 在你打扮得最漂亮的那天，在街上偶然遇到你很在乎的人。
- 收拾书架的时候，发现一张没有支取的存单。数目不大，但是人有遗忘的财富，无论是雪中送炭还是锦上添花，都表明你的生活其实没有问题。
- 早上醒来依然记得夜里的美梦。美梦不多但不丢失，实在难得。
- 做了噩梦及时醒来，发现一切都不是真的。
- 醒来发现上班已经迟到了，但突然想起来是周末。

第 1 课　快乐会传染

词语提示 🎧 1-2

1	无意	wúyì	副	不是故意的。
2	在乎	zàihu	动	在意，介意。
3	支取	zhīqǔ	动	领取（款项）。
4	存单	cúndān	名	银行等给存款者作为凭证的单据。
5	遗忘	yíwàng	动	忘记。
6	雪中送炭	xuězhōng-sòngtàn	成	比喻在别人急需帮助的时候给以帮助。
7	锦上添花	jǐnshàng-tiānhuā	成	比喻使美好的事物更加美好。
8	噩梦	èmèng	名	可怕的梦。

课文一　快乐也会传染 🎧 1-3

　　说到"传染"，很多人不禁会皱起眉头，因为"传染"通常是和"病毒"联系在一起的。我们知道很多事物都会近距离传染，比如曾经严重影响全球的非典[1]、新冠[2]，还有常见的流感、水痘[3]，甚至打哈欠，都可能传染给别人。那么幸福、快乐也会传染吗？

　　研究人员在《英国医学期刊》上发表的研究报告中称，跟快乐的人在一起，你自己也会更快乐。你周围的人越快乐，你也会越快乐。专家说："这是一个情绪感染的问题。"

1　非典（fēidiǎn）：严重急性呼吸综合征（SARS），一种由SARS冠状病毒引起的急性呼吸道传染病。
2　新冠（xīnguān）：新型冠状病毒感染（COVID-19），一种急性传染性疾病。
3　水痘（shuǐdòu）：一种常见的急性传染病（chickenpox），患者多为儿童。

调查数据显示，社会关系越广泛的人同时也越快乐，这些人与朋友、配偶、邻居和亲戚的联系都较为密切。专家说："你身边多一个快乐的人，你就多一份快乐。"

研究人员还发现，快乐比不快乐更易"传染"。如果你的直接社交对象很快乐，你快乐的概率会增加15%。如果你的配偶或兄弟姐妹的朋友很快乐，你快乐的概率就会增加10%。如果你的第三层社交圈，比如说朋友的朋友很快乐，那么你快乐的概率也会增加6%。但不快乐的影响就差一些，每多一个不快乐的朋友，你不快乐的概率大概会增加7%。

这项新公布的研究结果显示，幸福可能会通过社交网络扩散，你交往的人越幸福，你也会感到越快乐。也就是说，如果你的社交圈中有人变得更快乐，那也会增加你快乐的可能性。怎么样，开心起来吧，把快乐传递给你身边的人！

词语提示 1-4

1	哈欠	hāqian	名	困倦时的一种生理现象，嘴张开，深吸气，呼出。
2	期刊	qīkān	名	定期出版的刊物。
3	感染	gǎnrǎn	动	受到传染。引起别人相同的思想感情。
4	配偶	pèi'ǒu	名	指丈夫或妻子。
5	概率	gàilǜ	名	某种事件在同一条件下可能发生也可能不发生，表示发生的可能性大小的量叫作概率。
6	扩散	kuòsàn	动	向外扩展分散。
7	交往	jiāowǎng	动	互相来往。

第 1 课　快乐会传染

边学边练

皱眉头　　社交圈　　配偶　　打哈欠　　社交网络　　传染

1. 很多人思考问题的时候习惯 ＿＿＿＿＿ 。
2. 累了、困了的时候，人们常常会 ＿＿＿＿＿ 。
3. 感冒、水痘、打哈欠的共同点就是它们会 ＿＿＿＿＿ 。
4. 一个人的丈夫或妻子也可以称为 ＿＿＿＿＿ 。
5. 你在日常工作和生活中交往的人形成了你的 ＿＿＿＿＿ 、＿＿＿＿＿ 。

课文二　快乐需要分享 🎧 1-5

　　有一个故事，说的是在某个王国里有一位长者，酷爱打高尔夫球。这一天，他觉得手痒，很想去挥挥杆，但不巧的是，这一天王国律法规定人们必须休息，什么事都不能做。

　　这位长者却怎么也忍不住，决定偷偷去高尔夫球场，想着打九个洞就好了。

　　由于这一天大家都不会出门，球场上一个人也没有，因此他觉得不会有人知道他违反了规定。

　　然而，当他在打第二个洞时，却被一个精灵发现了，精灵生气地到国王面前告状，说这位长者居然在这一天出门打高尔夫球。

　　国王听了，就跟精灵说，会好好惩罚这位长者的。

　　从第三个洞开始，长者打出了超完美的成绩，几乎都是一杆进洞。

　　他兴奋坏了，到打第七个洞时，精灵又跑去找国王："国王呀，你不是说要惩罚他吗？为什么还不见有惩罚？"

国王说："我已经在惩罚他了。"

直到打完第九个洞，长者都是一杆进洞。因为打得太神了，于是他决定再打九个洞。

精灵又去找国王了："你说要惩罚他，惩罚到底在哪里？"

国王只是笑而不答。

打完十八洞，成绩比任何一位世界级的高尔夫球手都优秀，这可把长者乐坏了。

精灵很生气地问国王："这就是你对他的惩罚吗？"

国王说："正是。你想想，他有这么惊人的成绩以及兴奋的心情，却不能跟任何人说，这不是最好的惩罚吗？"

生活需要伴侣，快乐和痛苦都要有人分享。没有人分享的人生，无论面对的是快乐还是痛苦，都是一种惩罚。

词语提示 1-6

1	酷爱	kù'ài	动	非常爱好。
2	痒	yǎng	形	比喻想做某事的愿望强烈，难以抑制。
3	律法	lǜfǎ	名	法律，规则。
4	精灵	jīnglíng	名	传说中的神仙，精怪。
5	告状	gào//zhuàng	动	向某人的上级或长辈诉说自己或别人受到这个人的欺负或不公正的待遇。
6	惩罚	chéngfá	动	处罚。
7	伴侣	bànlǚ	名	同在一起生活、工作或旅行的人，多指夫妻中的一方。
8	分享	fēnxiǎng	动	与他人共同享受（欢乐、幸福、好处等）。

边学边练

告状　　酷爱　　痒痒　　分享　　惩罚

1. 大家都知道他是个音乐迷，_____音乐。
2. 好久没玩儿游戏了，看见别人玩儿，他就心里_____。
3. 姐弟俩闹了矛盾，都跑到妈妈那里去_____。
4. 违反了交通规则就要受到交通法规的_____。
5. 获得了巨大成功，你想最先告诉谁，让谁跟你_____这份喜悦？

课堂活动与任务

一、词语积累

社交圈：_____

概率：_____

可能性：_____

社交网络：_____

乐坏了：_____

二、选择词语，灵活运用

哈欠　　背后　　痒　　打扮　　……圈
概率　　网络　　梦　　……坏了　　……性

1. 你发现没有，一个人_____，他周围的人也都跟着打。

2. 打篮球是他的第一爱好，每次看见别人打球，_____。

3. 调查结果显示，他的支持者越来越多，他在这次选举中_____越来越高。

4. 他如今在_____也算是个有名的演员了。

5. 几年来，公司在各地设立分部，已经形成了一个覆盖全国的_____。

6. 体育比赛都有一定的_____，也正是这一点使得比赛更有吸引力。

7. 第一次打高尔夫就打了个一杆进洞，真把他_____。

8. 女孩子上街前总是要花好长时间_____。

9. 对别人有什么意见就当面谈，千万别_____。

10. 刚才睡觉_____，醒来发现自己满头是汗，还好不是真的。

三　参考所给词语，结合课文内容说一说

1. 流感、水痘、打哈欠，它们有什么共同特点？（传染）

2. 你身边的人快乐或者不快乐，跟你有什么关系？
（显示　概率　如果……，那么……）

3. 课文二中，长者那天的高尔夫打得怎么样？（神　几乎）

4. 课文二中，国王是如何惩罚那位长者的？（……，却……　分享）

四　举一反三

1. 说到"传染"，很多人不禁会皱起眉头。

（1）说到联系方式，_____。

（2）说到快乐，_____。

（3）_____。

2. **如果**你的配偶或兄弟姐妹的朋友很快乐，你快乐的概率**就**会增加 10%。**如果**你的第三层社交圈，比如说朋友的朋友很快乐，**那么**你快乐的概率也会增加 6%。

（1）如果他这个球能一杆进洞，那么他就赢了。如果_____。

（2）如果你通过了这次面试，_____。

（3）_____。

3. **由于**这一天大家都不会出门，球场上一个人也没有，**因此**他觉得不会有人知道他违反了规定。

（1）由于网络的普及，写信已被电子邮件所代替，_____。

（2）_____，因此他失去了比赛获胜的机会。

（3）_____。

4. 你**不是说**要惩罚他吗？**为什么**还不见有惩罚？

（1）你不是今天休息吗？为什么_____？

（2）他的作品不是已经完成了吗？_____？

（3）_____？

5. 你说要惩罚他，惩罚**到底**在哪里？

（1）你说你们已经进行了调查，_____？

（2）大家一直都忙忙碌碌的，_____？

（3）_____？

6. **这就是**你对他的惩罚吗？

（1）一张不到一百元的存单，_____？

（2）一点儿不在乎别人的感受，_____？

（3）_____？

五 交际策略——如何开始话题

"说到……，……会……"，这样的表达方式可以用于开始一个话题，先把人们针对某一问题的普遍看法提出来，再用"那么……"引出自己要谈的问题的关键，这样可以有效引起听话者的注意，引入一个话题。类似的表达方式还有"每当提起/说起/谈起……，都会……，那么……""说起……，大家就会……，其实……"等等。

1. 说到联系方式，人们一般都会想到写信、打电话、发邮件，那么到底哪一种方式最方便呢？请大家谈谈自己的看法。

2. 每当提起那次经历，她都会笑个不停，那么到底发生了什么呢？

3. 说起这个公司的发展历史，人们都会提到一位神奇的老人，那么今天我们就来给大家介绍一下这位神奇的老人。

试着使用上述方法开始下面的话题：

1. 和大家讨论"传染"这个词
2. 介绍你认为最有效的学习方法
3. 网络游戏的优点
4. 健忘的好处

六 表达训练——责问

读一读，想一想：

- 你不是说要惩罚他吗？为什么还不见有惩罚？
- 你说要惩罚他，惩罚到底在哪里？
- 这就是你对他的惩罚吗？

你认为上面的几个句子表达了说话人的什么心情？
他是用什么语气说这几句话的？

> **提示**
> "不是……吗？为什么……？"
> "……，到底……？""这就是……吗？"
> 都可以用来对某事或某人表示不满、埋怨，并提出责问，是表示责备的语气。

试一试，说一说：

1. 朋友或同屋答应把房间打扫干净，可是你回来时房间还是又脏又乱。
2. 服务员态度很不好，对顾客不够礼貌。
3. 马上就要比赛了，可是运动员不认真训练。
4. 朋友说要减肥，可是又买了很多点心和巧克力。

七 完成任务

1. 把你的快乐与大家分享：给大家讲一件让你快乐的事。（注意如何开始话题）

2. 征集答案：在同学中以"学生最快乐的事""留学生活最快乐的事"为题征集答案，并评选出最优秀的答案。

留学生活最快乐的事	
候选答案	优秀答案

八 小组讨论

1. 你最快乐的事是什么？
2. 你认为最快乐的职业是什么？
3. 世界上最快乐的地方在哪里？
4. 除了快乐，还有什么也会传染？

延伸学习　课文链接

说到幸福感，作为一名心理学家，我只想告诉大家，幸福感是免费就能得到的东西。

链接一　幸福感能用公式计算

你问我什么是世界上最快乐的事情，在我看来，当一位艺术家完成了一件作品，满意地望着作品的时候，那就是他最快乐的时候。

链接二　最快乐的职业

我的收获

- 常用词语

- 表达方式

- 精彩观点

- 文化异同

2 个性化教育模式

学习表达

▶ 一、A 相当于 B

1. 目前在家里接受初等教育的孩子数量逐年上升，已经超过 200 万，相当于每 25 名中小学生中就有一名家庭学校的学生。
2. 上海的东方明珠塔有 468 米，相当于 150 层楼那么高。
3. 有了这个电子书阅读器，就相当于有了一个自己的图书馆。

▶ 二、跟 B 不同，A……

1. 跟夏洛特不同，另一个孩子卢卡，他选择在家上学是因为不能适应学校生活。
2. 跟应试教育不同，素质教育更强调对学生能力的培养。
3. 跟其他厂家不同，我们要强调的是民族特色。

▶ 三、何尝不想……（呢）？

1. 我们何尝不想让孩子在学校学习呢？没办法，这样做是出于对孩子将来的考虑。
2. 他们何尝不想多休息一会儿，多玩儿一会儿？可是实在没有时间。
3. 我何尝不想离开办公室，到海边晒晒太阳呢？可我的工作谁做？

▶ 四、出于……的考虑

1. 我们这样做是出于对孩子将来的考虑。
2. 我们采取这一措施是出于节约能源的考虑。
3. 出于对交通安全的考虑，学校门口的车速限制在每小时 15 公里以内。

▶ 五、……毕竟……，就算……，也……

1. 大多数父母毕竟不是专业老师，而且就算是专业老师，也比不上学校的全科教育。
2. 他们的经济条件毕竟不太好，而且就算给他们一些钱，也解决不了问题。
3. 他毕竟只有8岁，就算你给他解释，恐怕他也不能完全理解。

▶ 六、但凡……，也/都……

1. 但凡孩子在学校能有更多的选择，我们也不会让他退学回家的。
2. 但凡我还能有一点儿办法，我也不会向他开口请求帮助。
3. 但凡接触过这种病毒的人，都有可能被传染。

热身　个性化教育模式——在家上学

在家上学是非常个性化的选择，是一种小众的教育模式。

在加拿大，在家上学一直合法，但在不少国家和地区，近几十年才逐渐合法规范。目前在中国，教育部有规定，不得擅自以在家学习替代国家统一实施的义务教育。在美国，学龄孩子不上学也是违法的。但是，孩子和家长对教育的形式有选择权。他们既可以上免费的公立学校，也可以上付费的私立学校，还可以上家庭学校。据媒体报道，目前在家里接受初等教育的孩子数量逐年上升，已经超过200万，相当于每25名中小学生中就有1名家庭学校的学生。不过，孩子在家上学必须在当地教育管理部门登记备案，上课时间和学习课程必须达到要求，每次上课必须"签到"，孩子的作业和家长的批改记录也都要求保存。在印度尼西亚，允许在家上学的孩子参加国家考试以获取相应文凭，国家教育部还为在家教育提供教师培训和媒体学习资源。

那么,家庭学校的学生,他们的学习结果和公立学校的学生相比,到底怎么样呢?

加拿大的调查显示,在家上学的学生主观幸福感较高。德国高校联合会透露,家庭学校的孩子高中会考成绩明显好于其他学生,进入大学后适应能力也很强。在澳大利亚,在家上学的孩子比在传统学校的孩子学习进度更快,更早完成学业。美国家庭学校毕业的学生上大学的比例高于全美平均水平,大部分高等学校承认家庭学校中家长准备的成绩单,有些名校对家庭学校学生的录取率还会高出平均录取率。

(根据《中国青年报》《中国教育报》报道改写,有删改)

词语提示

1	模式	móshì	名	某种事物的标准形式或标准式样。
2	小众	xiǎozhòng	名	人数少的群体(相对于大众而言)。
3	规范	guīfàn	形	合乎规定的标准。
4	学龄	xuélíng	名	儿童适合入学的年龄。
5	公立	gōnglì	形	政府设立的。
6	私立	sīlì	形	私人设立的。
7	逐年	zhúnián	副	一年一年地。
8	备案	bèi//àn	动	把情况用书面形式报告给主管部门,供存档备查。
9	批改	pīgǎi	动	修改文章、作业等并加批注。
10	进度	jìndù	名	工作等进行的速度。
11	录取	lùqǔ	动	选定合格的人。

课文一　在家上学的孩子 2-3

早晨八点钟，别的小学生早已经在学校上课了，夏洛特才刚刚睡醒。她不慌不忙地起床，先洗脸刷牙，吃过早饭，然后才开始一天的学习。每天不用到学校上课，夏洛特过着令同龄人羡慕的生活。

夏洛特的爸爸从小就对按部就班的上学"过敏"，半年前，他和妻子决定让女儿在家上学，他们亲自辅导女儿。夏洛特的爸爸负责教理科，妈妈负责教文科。语文、数学、外语、运动必不可少，画画儿、音乐、舞蹈、

讲故事也是夏洛特的必修课。每天的安排有序又轻松，觉得累了，就休息一会儿，然后再继续。他们一家还能时常外出去旅游。

然而，跟夏洛特不同，另一个孩子卢卡，他选择在家上学是因为不能适应学校生活，学习成绩不理想。他的父母不得已，只好决定让孩子退学回家，自己当起了孩子的全职老师。他妈妈说："我们何尝不想让孩子在学校学习呢？没办法，这样做是出于对孩子将来的考虑。我们的计划是在短期内让孩子学完小学课程，然后预习初中课程。把孩子带回家自己培养，既可以学好各门功课，又能发展他的兴趣爱好，也算是因材施教吧。"

词语提示

1	按部就班	ànbù-jiùbān	成	按照一定的步骤、顺序进行。
2	理科	lǐkē	名	教学上对物理、化学、数学、生物等学科的总称。
3	文科	wénkē	名	教学上指历史、哲学、文学、语言、经济等学科。
4	不得已	bùdéyǐ	形	无可奈何,不得不如此。
5	退学	tuì//xué	动	学生因故不能继续学习或不许继续学习而取消学籍。
6	全职	quánzhí	形	专门担任某种职务的。
7	何尝	hécháng	副	用反问的语气表示未曾或并非。
8	因材施教	yīncái-shījiào	成	根据不同对象的能力、性格等具体情况施行不同的教育。

边学边练

文科　　理科　　何尝　　出于　　理想　　不得已　　因材施教

1. 他从小就对物理、化学感兴趣,上大学时自然就选择了_____学校。

2. _____可以分为人文科学和社会科学。

3. 这次考试准备得不够充分,成绩不太_____。

4. 没有人要求他、强迫他,他这样做完全是_____自愿。

5. 做衣服要量体裁衣,教育要_____。

6. 我是_____才来这家公司上班的,这根本不是我喜欢的工作。

7. 学生们_____不想考一个好成绩呢?

课文二　各方观点

教育界人士观点

- 孩子在家接受教育存在不足。即使家长目前能够辅导孩子，但是随着学习深度、广度的不断增加，家长迟早会觉得力不从心。而且，孩子在家里接受教育，缺乏与同学之间的竞争，又没有老师日常的督促和鼓励，可能会导致孩子的学习动力不足，这些都不利于孩子的进步。

- 孩子是需要学校环境的。首先，学校可以有系统、有组织地对孩子进行教育；其次，孩子也需要进行正常的活动和人际交往，感受校园文化。家庭教育只能是学校教育的补充，不能代替学校教育。家长在选择时，应当特别慎重。

- 家庭学校实际上就是"现代私塾"，这是一种特殊的教育模式，它追求教育个性化，适应当前社会多元化、个性化的趋势。可以在教育改革中尝试，但不宜推广。而且，在家上学应该到教育部门登记注册，实行规范管理。至于学生能否参加毕业考试和升学考试，或者重新回到学校读书，这些都是需要另外解决的问题。

家长观点

- 只要能够让孩子们学到知识，无论哪一种教育方式都可以尝试。
- 看到小不点儿[1]每天背着重重的书包，早出晚归的，真觉得不忍心。

1　小不点儿：这里指很小的孩子。

如果有能力,我也愿意放弃学校教育,让孩子在家里读书。

● 大多数父母毕竟不是专业老师,而且就算是专业老师,也比不上学校的全科教育,所以说,孩子还是应该送到学校学习。再说,孩子长期不在群体中生活,会影响他的交往能力。

● 我们实在是不得已才让孩子在家上学的。我们何尝不想让他接受免费教育呢?可是孩子情况特殊,一直没有找到让人满意的学校。

● 我们之所以让孩子在家上学,也是无可奈何。但凡孩子在学校能有更多的选择,我们也不会让他退学回家的。学校、老师、家长、孩子,各司其职不好吗?

词语提示

1	迟早	chízǎo	副	或早或晚。
2	力不从心	lìbùcóngxīn	成	心里想做,可是能力或力量不够。
3	督促	dūcù	动	监督催促。
4	私塾	sīshú	名	旧时家庭、教师自己设立的学习处所。
5	多元	duōyuán	形	多样的,不单一的。
6	化	huà	后缀	加在名词或形容词后构成动词,表示转变成某种形式或状态。
7	趋势	qūshì	名	事物发展的动向。
8	注册	zhùcè	动	向有关部门登记备案。
9	但凡	dànfán	副	凡是,只要是。
10	各司其职	gèsī-qízhí	成	每个人尽自己的职责,做好所承担的工作。

边学边练

迟早　　但凡　　不忍心　　不利于　　各司其职　　无可奈何

1. 这种落后的方法_____要被淘汰。
2. 要想更好地完成这个任务，我们各部门必须_____，相互配合。
3. 看到他每天这么辛苦，实在_____再让他这样继续下去了。
4. 失业率过高_____社会的稳定和经济的发展。
5. 我们是多年的老朋友了，_____你有任何需要，我一定帮忙。
6. 别的事我都可以帮你，可这件事我_____。

课堂活动与任务

一、词语积累

高于：_____　_____　_____

不慌不忙：_____　_____　_____

同龄：_____　_____　_____

教育界：_____　_____　_____

深度：_____　_____　_____

多元化：_____　_____　_____

二、选择词语，灵活运用

| 学龄 | 全职 | 至于 | 不得已 | 相当于 |
| 退学 | 出于 | 低于 | ……化 | 因材施教 |

1. 法律规定，_____接受教育既是权利也是义务。

2. 现在不少有条件的女性放弃工作，选择在家_____。

3. 卡拉OK是一种_____的娱乐形式，受到老百姓的喜爱。

4. 网上购物的价格往往会_____，但有时质量却没有保障。

5. 在大家的帮助下，因为_____的孩子们都回到了课堂。

6. 两千多年前，孔子就主张_____的教育方法。

7. 他高中时喜欢上了物理，现在学理科专业完全是_____。

8. 我们今天只讨论在家上学的利弊，_____，我们下次再谈。

9. 今天的家庭学校_____，不少人把它叫作"现代私塾"。

10. _____，我们只好同意了他的要求。

三、参考所给词语，结合课文内容说一说

1. 课文一中，夏洛特早上的生活与其他小朋友的有什么不同？

（不慌不忙　同龄人　羡慕）

2. 课文一中，卢卡为什么选择在家上学？

（跟……不同　理想　退学　不得已　何尝　出于……的考虑）

3. 课文二中，教育界人士对在家上学有什么看法？

（迟早　深度　不利于　模式　……化　慎重　至于）

4. 课文二中，家长们对在家上学有什么看法？

（不忍心　毕竟　何尝不想……呢　无可奈何　但凡）

四　举一反三

1. 目前在家里接受初等教育的孩子数量逐年上升，已经超过200万，相当于每25名中小学生中就有一名"家庭学校"的学生。

   （1）美国的"州"_____。

   （2）获得全额奖学金_____。

   （3）_____。

2. 跟夏洛特不同，另一个孩子卢卡，他选择在家上学是因为不能适应学校生活。

   （1）跟公立学校不同，_____。

   （2）跟学习文科的同学不同，_____。

   （3）_____。

3. 我们何尝不想让他接受免费教育呢？可是孩子情况特殊，一直没有找到让人满意的学校。

   （1）他们何尝不想尽快解决呢？_____。

   （2）_____？可是没人给我这个机会。

   （3）_____。

4. 我们这样做是出于对孩子将来的考虑。

   （1）我想出国上大学是出于_____。

   （2）_____，他们把这次会面安排在了使馆。

   （3）_____。

5. 在家上学应该到教育部门登记注册，实行规范管理。至于学生能否参加毕业考试和升学考试，或者重新回到学校读书，这些都是需要另外解决的问题。

   （1）网络的好处我们已经说了很多。至于_____，

   （2）_____。至于_____，科学家还没有得出结论。

   （3）_____。

6. 大多数父母**毕竟**不是专业老师，而且**就算**是专业老师，**也**比不上学校的全科教育。

（1）我们毕竟不是职业运动员，而且就算受过一些训练，_____。

（2）这毕竟是一个新产品，_____。

（3）_____。

7. **但凡**孩子在学校能有更多的选择，我们**也**不会让他退学回家的。

（1）但凡他当时给我们一点儿帮助，_____。

（2）_____，我们都会坚持下去。

（3）_____。

五　交际策略——对事物进行比较

在比较两个事物时，除了简单的比较句外，我们还有很多其他的方法，例如："跟 B 不同，A……""和 / 跟 / 与 B 相比 / 比，A……"，先指出要比较的对象 B，然后主要说明谈论对象 A 的特点；还有"A 比不上 B""A 高于（重于 / 大于 / 好于）B""A 相当于（近似于 / 不亚于）B"，直接说出 A 与 B 比较的结果。

1. 跟在学校上学不同，在家上学可以根据孩子的兴趣安排课程。
2. 与沿海地区相比，内陆地区的生活水平还稍差一些。
3. 他在公司的影响力远远比不上他的父亲。
4. 美国家庭学校毕业的学生上大学的比例高于全美平均水平。
5. 我那时候的汉语水平相当于一个幼儿园小朋友的水平。

试着使用上述方法，对下列情况加以比较：

1. 比较两个节日的重要性
2. 比较你知道的两所大学
3. 比较你以前和现在的汉语水平
4. 比较你最近两次考试的成绩
5. 比较一个球队的利益和球员个人的利益
6. 比较你们国家和中国对颜色、数字的看法

六、表达训练——无奈

读一读，想一想：

- 我们实在是不得已才让孩子在家上学的。
- 我们何尝不想让孩子在学校学习呢？
- 我们何尝不想让他接受免费教育呢？可是一直没有找到让人满意的学校。
- 我们之所以让孩子在家上学，也是无可奈何。
- 但凡孩子在学校能有更多的选择，我们也不会让他退学回家的。

> **提示**
>
> "不得已才……""何尝不想……呢？""……也是无可奈何""但凡……，也……"都可以用来表示无奈、没有办法，要使用无奈的语气。

你认为上面这几句话表达了说话人的什么心情？应该用什么语气说这几句话？

试一试，说一说：

1. 路上自行车坏了，只好走路上学，结果迟到了。
2. 不想让父母失望，只好对他们说了谎话。
3. 毕业了找不到合适的工作，和父母住在一起。
4. 工作没完成，被老板骂了一顿，一句话也不敢说。
5. 很不喜欢这份工作，想辞职，可是还没找到别的工作。

七、完成任务

1. 介绍一下你们国家"家庭学校"的情况。
2. 和同学一起，总结一下在家上学的优点和缺点。

在家上学的优点	在家上学的缺点

八 小组讨论

1. 如果让你回到小时候，你愿意选择在家上学吗？
2. 如果你有了子女，你会为他/她选择哪种教育模式？
3. 你认为什么样的父母才可以让孩子在家上学？
4. 谈一谈你对公立学校和私立学校的看法。
5. 谈一谈你们国家的大学和中国的大学有什么相同和不同之处。

延伸学习 课文链接

光羡慕有什么用呢？还是让我们先了解一下教育的快乐之道吧。

链接一 不一样的回答

人的兴趣不同，未来的发展也是多样化的，在教育中我们应该意识到这一点，从人的兴趣出发，为人的未来做准备。

链接二 印度教育的快乐之道

我的收获

- 常用词语

- 表达方式

- 精彩观点

- 文化异同

3 真人图书馆

学习表达

▶ 一、虽然……，却不/没有……，而是……

1. 虽然名字叫图书馆，这里却没有一本传统意义上的书，而是出借一个个"大活人"。
2. 虽然公司为他安排了专车，他却从来不用，而是每天骑自行车上下班。
3. 这些"海归"虽然经常回来，却并不定居，而是像候鸟一样季节性地飞来飞去。

▶ 二、所谓……，指的是……

1. 所谓"借阅"，指的就是和"书"进行面对面的交流学习。
2. 所谓"中央商务区"，指的是城市中商业和商务活动集中的主要地区。
3. 所谓外来词，指的是那些从别的语言中借过来的词汇。

▶ 三、……，进而……

1. 他们用口述的方式让读者了解自己的处境、想法，希望能增进交流，进而消除各种偏见。
2. 首先要学好语音语调，进而提高口语表达能力。
3. 观察并记录孩子的学习过程，进而总结出他们学习的规律和特点。

▶ 四、……，为的是……

1. 组建真人图书馆，为的是增强人与人之间的交流，交流彼此的经验，消除各种偏见。
2. 他们在机场等了两三个小时，为的就是见到自己喜爱的球星，得到一个签名。
3. 我们组织这样的活动，为的是让学生们有机会体验一下真实的农村生活。

▶ 五、……，以便……

1. "书"要编写自己的"标签"和"简介"，以便吸引更多的读者。
2. 建议留下手机号码，以便及时沟通。
3. 我们的计划要有一定的灵活性，以便根据实际情况做出调整。

热身　真人图书馆哪本"书"最受欢迎？ 🎧 3-1

　　真人图书馆（Human Library）是21世纪初发源于丹麦哥本哈根的非传统公益项目，以"借人而非借书"的方式闻名，目的是打破社会偏见。真人图书馆的"书"，是坚持自己的信念，并勇敢地和大家分享的人。虽然现在网络视频和直播更便于分享，但面对面的"借阅"交流仍是很多人期望相互了解的重要渠道。真人图书馆的组织者经常会被问到的问题是：谁是你们那里最受欢迎的"书"？图书管理员的评价标准是被"借阅"的次数。不同的国家会有不同的"最受欢迎的书"。排在丹麦真人图书馆排行榜首位的是"阿拉伯人"，葡萄牙真人图书馆被"借阅"次数最多的是一位移民，而英国则是一名前黑社会成员。

　　当然，并非所有人都能有幸成为一本"书"。为了保证"图书"质量，真人图书馆会花大量时间进行筛选。他们会和每本"候选书"进行谈话，"候选书"需要说明自己的主题以及为什么希望成为一本"书"。无论主题是什么，成为"书"的动机正确与否是最重要的。

（编选自《北京晚报》、吴庆元的博客，有删改）

词语提示

1	排行榜	páihángbǎng	名	公布出来的按某种统计结果排列顺序的名单。
2	首位	shǒuwèi	名	第一位。
3	黑社会	hēishèhuì	名	指社会上进行非法犯罪活动的有组织的黑暗势力。
4	有幸	yǒuxìng	形	幸运，有运气。
5	筛选	shāixuǎn	动	泛指在同类事物中去掉不需要的，留下需要的。

课文一　什么是真人图书馆？

你听说过"真人图书馆"吗？其实不难理解，就是以人为"书"，人就是这座图书馆的馆藏。虽然名字叫图书馆，这里却没有一本传统意义上的书，而是出借一个个"大活人"。如果你对某个领域感兴趣或者有困惑，都可以"借阅"。所谓"借阅"，指的就是和"书"进行面对面的交流学习；与此同时，也让那些拥有宝贵经验的"书"们能够将自己的"财富"传给其他人。

真人图书馆中的"书"，其实是和我们大多数人一样的普普通通的人。但由于各种不同的原因，这些人和我们在某些方面又是不同的。这种不同可能是因为外貌、身体、智力、精神，也可能是因为民族、文化、传统、经历，还可能是因为爱好、特长等等。

真人图书馆中的"书"是开放的、愿意和众人分享自己经历的人。他们来做"图书"供人"阅读"完全出于自愿，而且不需要报酬。他们用口述的方式让读者了解自己的处境、想法，希望能增进交流，进而消除各种偏见。在这里，每个人都是一部"活自传"。

图书馆鼓励"读者"提问或发表看法，但一切都要以尊重"图书"为前提。我们来看看"借阅"规定：

- "读者"需要事先办理一张借阅卡，每次的"借阅"内容都会在卡上有记录。
- 每本"书"可以由一群人分享，但"借阅"时间一般不得超过45分钟。
- "读者"每次只能借走一本"书"，而且把"书"带回家是绝对不允许的，只能在图书馆限定的区域内"阅读"。至于在图书馆的咖啡馆还是楼梯上，由"读者"和"书"共同商量。
- "书"也有选择"读者"的权利，如果感觉受到冒犯，"书"可以自己回图书馆。

（编选自《北京晚报》、吴庆元的博客，有删改）

词语提示

1	馆藏	guǎncáng	名	图书馆、博物馆收藏的图书、器物等。
2	困惑	kùnhuò	形	感到疑难，不知道该怎么办。
3	外貌	wàimào	名	人或物的表面样子。
4	智力	zhìlì	名	认识、理解客观事物并运用知识经验解决问题的能力。
5	特长	tècháng	名	特别擅长的技能或特有的经验。
6	处境	chǔjìng	名	所处的境地（多指不利的情况）。
7	偏见	piānjiàn	名	偏于一方面的见解，成见。

8	自传	zìzhuàn	名	以第一人称记叙生平事迹的传记文或著作。
9	限定	xiàndìng	动	指定范围、限度，不许超过。
10	冒犯	màofàn	动	在言辞或举动上没有礼貌，冲撞了对方。

边学边练

馆藏　外貌　自传　偏见　特长　绝对　冒犯　限定　不得

1. 以貌取人的意思就是根据_____来判断一个人。
2. 历史博物馆的_____十分丰富，具有很高的历史价值。
3. 我们在评价别人的时候，难免会带有自己的_____。
4. 这次活动是为了给大家一个展示_____的机会，千万不要错过。
5. 他在_____中讲述了自己的成长过程，也讲述了他的创业经历。
6. 有一点请大家注意，会议期间_____不允许接听手机。
7. 刚才说话_____了您，还请您不要见怪，多多原谅。
8. 所有这些都应该在_____的时间内完成，而且要保证质量。
9. 出于安全考虑，飞行员每天飞行_____超过8小时。

课文二　组建"真人图书馆"，征集"大活人" 3-5

　　组建真人图书馆，为的是增强人与人之间的交流，交流彼此的经验，消除各种偏见。真人图书馆中的"书"都是志愿者，和图书馆一样，我们的借阅服务也是免费的。

"书"要编写自己的"标签"和"简介",以便吸引更多的读者。因此,我们需要那些想成为"书"的志愿者提交自己的申请,内容包括自己的"书名"(不是姓名)、"简介"(不是简历)、"标签"(不是身份)等。

整个活动的流程如下:

- 愿意和大家分享经历的志愿者向我们提交申请表;
- 我们根据收到的申请表编制"图书目录",并向读者公布;
- 读者向我们申请借阅某"书";
- 由我们通知作为"图书"的志愿者,在某个相对集中固定的时间、地点进行阅读;
- 读者根据自己的"阅读"经历向我们提交"书评",这些书评有机会成为"图书目录"中的介绍内容。

凡是想申请的朋友,请参照下面的志愿者申请表描述自己的情况,并将你的申请表发给我。我的邮箱是:*****@mbook.com。欢迎加入"真人图书馆",讲出你的故事,分享你的人生!

志愿者申请表样例

书号	
主题	[如:留学、考研、美容、极限运动、心理学、法律、金融]
书名	[如:《在三十天瘦下五十斤》《我是如何通过口译考试的》《我是同声传译》]
标签	[如:女消防员、佛教徒、前特种兵、网红、麦霸、亚健康、素食主义者]
内容简介	[反映书的特点,限定阅读内容,方便读者检索,方便读者阅读]
可借阅时间	[请务必填写]
联系方式	[建议留下手机号码,以便及时沟通]

词语提示

1	标签	biāoqiān	名	标明物品名称、价格、规格的纸签。
2	简介	jiǎnjiè	名	简要介绍的文字。
3	以便	yǐbiàn	连	用在下半句开头，表示使下文所说的目的容易实现。
4	流程	liúchéng	名	工艺流程，各项工序安排的程序。
5	提交	tíjiāo	动	把需要讨论、决定或处理的问题交给有关机构或会议。
6	参照	cānzhào	动	参考仿照。
7	描述	miáoshù	动	描写叙述。
8	检索	jiǎnsuǒ	动	查检寻找所需要的文字或资料。

边学边练

提交　　标签　　参照　　固定　　凡是

1. 每件商品的背后都贴着一个　　　　　，上面注明了价格和产地。
2. 我们的项目计划书已经　　　　　给相关部门了，希望能够获得批准。
3. 俱乐部的活动有　　　　　的安排，最好不要随意调换。
4. 欢迎大家，今天　　　　　参加活动的客人都有机会获得一份奖品。
5. 具体填写格式，请　　　　　我们提供的样本。

课堂活动与任务

一、词语积累

活自传： _____ _____ _____

借阅卡： _____ _____ _____

组织者： _____ _____ _____

筛选： _____ _____ _____

前特种兵： _____ _____ _____

二、选择词语，灵活运用

> 指的是　　务必　　凡是　　活……
> 为的是　　进而　　偏见　　筛选

1. 由于我们的时间有限，请大家_____。
2. 他对这个城市的每一个地方都了如指掌，被人们称为"_____"。
3. 北方人只喜欢吃馒头、烙饼什么的，不喜欢吃米饭，_____？
4. 你刚才说到他的代表作，请问你_____？
5. 我们希望先稳定在国内市场的地位，_____。
6. 他经常变换发型，_____能给人一种新鲜感，吸引别人的注意。
7. 我们从几千名报名者中_____人参加最后的决赛。
8. _____，都要与公司签订一份劳动合同。

三、参考所给词语，结合课文内容说一说

1. 什么是"真人图书馆"？（所谓……，指的是……　就是　为的是）

2. "真人图书馆"与普通图书馆有什么不同？（其实　虽然……，却……，而是……）

3. 说一说真人图书馆的"书"。（所谓……，指的是……　进而　偏见　筛选）

4. 真人图书馆有哪些借阅规定？（需要　不得　不允许　凡是）

5. 如何成为真人图书馆中的一本"书"？（为的是　以便　凡是）

四　举一反三

1. <u>虽然</u>名字叫图书馆，这里<u>却没有</u>一本传统意义上的书，<u>而是</u>出借一个个"大活人"。

 （1）虽然电话就在手边，他们却_____，而是_____。

 （2）_____，_____，而是像朋友一样无话不谈。

 （3）_____。

2. <u>所谓</u>"借阅"，<u>指的就是</u>和"书"进行面对面的交流学习。

 （1）所谓绿色包装，_____。

 （2）所谓"空调病"，_____。

 （3）_____。

3. 他们用口述的方式让读者了解自己的处境、想法，希望能增进交流，<u>进而</u>消除各种偏见。

 （1）掌握最新的市场信息，_____。

 （2）_____，进而达到美化城市的目的。

 （3）_____。

4. 组建真人图书馆，<u>为的是</u>增强人与人之间的交流，交流彼此的经验，消除各种偏见。

 （1）他们在机场等了两三个小时，为的是_____。

 （2）选择在家上学，_____。

 （3）_____。

5. 建议留下手机号码，以便及时沟通。

（1）我们为所有资料做了一个目录，_____。

（2）_____，以便能做好相关准备。

（3）_____。

五 交际策略——对事物或概念加以解说

对某一事物或概念进行解释、说明，可以使用"……就是……""所谓……，就是指/指的就是……""……，其实……"，类似的还有"……，意思是说……""……，更准确地说是……"。除此之外，还可以就目的、作用等做进一步解释说明，如"……，为的是……""……，以便……"。

1. "真人图书馆"，就是以人为"书"，人就是这座图书馆的馆藏。
2. 真人图书馆中的"书"，其实是和我们大多数人一样的普普通通的人。
3. 所谓"借阅"，指的就是和"书"进行面对面的交流学习。
4. 组建真人图书馆，为的是增强人与人之间的交流，消除各种偏见。
5. "书"要编写自己的"标签"和"简介"，以便吸引更多的读者。

试着使用上述方法，对下面的事物或概念做解释说明：

1. 网红　　　　　　　　4. 亚健康

2. 麦霸　　　　　　　　5. 极限运动

3. 特种兵　　　　　　　6. 素食主义者

六 表达训练——要求

读一读，想一想：

- 图书馆鼓励"读者"提问或发表看法，但一切都要以尊重"图书"为前提。
- "读者"需要事先办理一张借阅卡，每次的"借阅"内容都会在卡上有记录。
- "借阅"时间一般不得超过45分钟。
- 读者每次只能借走一本"书"，而且把"书"带回家是绝对不允许的。

- 请务必填写可借阅时间。

你认为上面几句话都在谈论什么内容？你会用什么语气说这几句话？

试一试，说一说：

1. 考场的规定
2. 办公场合的行为
3. 服务员与顾客的关系
4. 面试时的注意事项
5. 参观博物馆的注意事项

"要/需要……""不得……""（绝对）不允许……""凡是……必须/都要……""务必……"都可以用于提出要求和注意事项，要求做某事或不做某事。要使用相对比较严肃的语气。

七 完成任务

为"真人图书馆"安排一次广告活动，向人们介绍"真人图书馆"。

活动主题	
活动时间	
活动地点	
出席人员	
活动安排	
其　　他	

八 小组讨论

1. 你愿意成为"真人图书馆"的一本"书"吗？
2. 你愿意去"真人图书馆"借阅图书吗？
3. 谈谈你对真人秀节目的看法。
4. 说说你对网络直播的看法。

延伸学习　课文链接

鉴于志愿者本人的未来规划和留学安排，本"书"的借阅时间截至 8 月 15 日。

链接一　图书目录样例

我们保证所收集的读者与志愿者信息仅用于真人图书馆借阅活动。条文解释权归本图书馆所有。

链接二　隐私及权利声明

我的收获

- 常用词语

- 表达方式

- 精彩观点

- 文化异同

4 被网络网住的现代人

学习表达

▶ 一、……、……，甚至……，都……

1. 电影里的小细节、身体突然出现的小毛病，甚至是回家路上偶然遇到的那只猫的品种，都成了时下年轻人的搜索对象。
2. 房子的结构、房间的布置，甚至墙上的装饰、桌上摆放的花，都和梦中见到的一样。
3. 中午休息的时候、下午下班以后、晚上睡觉前，甚至是夜里起来，都要点击一下鼠标，看看网上的最新状态。

▶ 二、……，特别是……，甚至……

1. 每天上网时间越来越长，自己无法控制，特别是晚上常常上网到深夜，甚至整夜不睡，严重影响了正常的工作、学习和生活。
2. 这一年来公司遇到了很多困难，特别是出口方面，甚至有些产品一个出口合同也没有。
3. 这次地震造成的损失很大，特别是道路和房屋建筑，甚至有些村镇的房子全部倒塌了。

▶ 三、之所以……，（就）是因为……

1. 我之所以这么喜欢玩儿网络游戏，其实再简单不过了，就是因为它有意思。
2. 之所以让他负责这次的广告文案，是因为他有相关的经验。
3. 他之所以想来做志愿者，就是因为他想通过自己的努力消除人们的偏见。

▶ 四、动不动（就）……

1. 现在各种娱乐消费都太高了，动不动就几十块、上百块。
2. 他太迷恋网络游戏了，一玩儿起来就不停，动不动就是几个小时。
3. 他从来不想办法自己解决问题，动不动就找老师告状，找家长帮忙。

▶ 五、除了……还是……

1. 孩子们下了课除了写作业还是写作业。
2. 他连节假日也不休息，除了工作还是工作。
3. 他不太会做饭，每次除了西红柿炒鸡蛋还是西红柿炒鸡蛋。

▶ 六、……，（但）更……的是，……

1. 这是青少年迷恋网络的一个主要原因。但更重要的是，网络本身的内容、游戏的设计符合孩子们的需求。
2. 影视作品中的暴力场面不少，但更应引起注意的是，网络游戏中的暴力内容随处可见。
3. 他用十几秒钟就完成了魔方的六面，更让人想不到的是，他竟然是闭着眼睛完成的。

热身　社交媒体 4-1

　　自从互联网诞生，我们的生活方式就逐渐改变了。不可否认，网络给我们带来了无数的便利，但是，它也成了人们生活的一部分，甚至成了全部，我们也变成了被网络网住的现代人。近几十年来，随着互联网的迅速发展，社交媒体作为一种新的、便捷有效的沟通方式，在我们的社会生活中发挥着越来越重要的作用，它通过不同的应用程序不断影响和更新着我们的交往方式。

- 社交媒体能够让身处世界各地的人们见面、交流,帮助人们快速分享信息,掌握最新资源。在过去几年中,它在教育中发挥的作用没有其他事物可以取代。
- 社交媒体的魅力就在于我可以和任何人联系,可以向他们学习,也可以跟他们分享我的观点和想法。
- 这些平台给了我们展示自己、展示技能的机会,成就了不少"网红[1]"。如果没有社交媒体,我的作品可能永远不会被这么多人看到。
- 无论是个人还是企业,都可以使用社交媒体进行宣传和推广。这种方式帮助我们这样的小公司节省了巨额的广告费用,还帮助我们接触到众多潜在客户,现已成为我们营销策略的一部分。
- ……

已经成为我们生活中重要组成部分的互联网和社交媒体就真的有百利而无一害吗?

词语提示

1	便捷	biànjié	形	又快又方便。
2	应用程序	yìngyòng chéngxù		指为完成某项或多项特定工作的计算机程序,application。
3	更新	gēngxīn	动	指旧的去了,新的来到。
4	魅力	mèilì	名	很能吸引人的力量。
5	平台	píngtái	名	这里指计算机硬件或软件的操作环境。
6	潜在	qiánzài	形	存在于事物内部尚未显露出来的。

---

1 网红:指网络红人,被网民关注、走红于网络的人。

7	营销	yíngxiāo	动	经营销售。
8	策略	cèlüè	名	谋略，手段。
9	有百利而无一害	yǒu bǎi lì ér wú yí hài		有许多好处，没有一点儿坏处。与"有百害而无一利"相反。

课文一　爱上搜索　🎧 4-3

"什么人一年只上一天班还不怕被解雇？"网友"小鱼"收到这样一个脑筋急转弯[1]的问题，他想了几秒钟，然后开始上网搜索，答案很快找到了——圣诞老人。

像"小鱼"这种做法，在都市白领中很普遍，估计你也并不陌生。收到猜谜语的短信后上网寻找答案，逛街购物前上网比较价格，发现身体不适后上网"诊断"病情……只要发现不懂的事情，马上上网搜索，不用动脑筋，就能迅速找到答案。这种对网络的依赖，已经不知不觉地影响了许多人，改变了许多人的行为习惯。你是不是也这样呢？

有网友说，去哪儿吃早饭、坐哪路车、文案怎么写、作业怎么做、哪个牌子的化妆品更适合自己，还有明星们的八卦[2]、电影里的小细节、身体突然出现的小毛病，甚至是回家路上偶然遇到的那只猫的品种，都成了时

1　**脑筋急转弯**：泛指一些不能用通常的思路来回答的智力问答题。
2　**八卦**（bāguà）：这里指非正式的小道消息或者新闻。

下年轻人的搜索对象。不再费力去记忆，不再绞尽脑汁思考问题，不再为一个观点而争论，遇到事情后只要打开电脑或在手机上敲几个字就行了。有人对互联网产生了强烈的依赖，以至于到了不能自拔的程度。还有的染上了网瘾，每天上网时间越来越长，自己无法控制，特别是晚上常常上网到深夜，甚至整夜不睡，严重影响了正常的工作、学习和生活。

词语提示

1	搜索	sōusuǒ	动	仔细寻找。
2	解雇	jiěgù	动	终止雇用。
3	诊断	zhěnduàn	动	诊视并判断病情及其发展情况。
4	依赖	yīlài	动	依靠某种人或事物而不能自立或自给。
5	文案	wén'àn	名	公司中的公文、书信，以及用来表现某种方案或创意的文字部分。
6	细节	xìjié	名	细小的环节或情节。
7	时下	shíxià	名	目前，现在。
8	绞尽脑汁	jiǎojìn-nǎozhī	成	费尽脑筋，想尽一切办法。
9	自拔	zìbá	动	主动从痛苦或罪恶中解脱出来。

边学边练

文案　解雇　时下　搜索　依赖　动脑筋　绞尽脑汁　不能自拔　以至于

1. 他皱着眉头，努力在记忆中＿＿＿＿＿＿学过的相关词语，可一时什么也想不起来。
2. 他总是在上班时间上网聊天儿，什么工作也不做，没几天老板就把他＿＿＿＿＿＿了。
3. 我的汉语水平还有限，在阅读这些材料时，还得常常＿＿＿＿＿＿词典。
4. 这个广告的整体设计已初步完成，不过其中的＿＿＿＿＿＿部分还要再修改。

5. 他_____也想不出办法来，只好求助于别人。

6. 在都市白领中，这可是_____最流行的一款网上游戏。

7. 为了在规定时间内完成任务，他们紧张地工作，_____连吃饭睡觉的时间都没有。

8. 这件事之后，他一直都很痛苦，始终陷入其中_____。

9. 孩子们喜欢那些需要_____的问题，而不是要死记硬背的。

课文二　网络游戏为什么让人如此着迷？ 4-5

网络游戏爱好者： 我之所以这么喜欢玩儿网络游戏，其实再简单不过了，就是因为它有意思。我想每个人都一样，都需要自我满足，而我在游戏里就非常有满足感，其他聊天儿、看电影、听音乐什么的也就无所谓了。有的时候我甚至想，只要有一台电脑，我可以和它过一辈子。

网吧游戏玩家[1]： 我经常到网吧来玩儿游戏，其实就是因为这儿的消费低。现在各种娱乐消费都太高了，动不动就几十块、上百块，相比起来，现在所有娱乐的地方，网吧最便宜。

游戏厅老板： 现在的孩子们多可怜啊！他们的课外生活其实很无聊，下了课除了写作业还是写作业，也就是打打游戏能放松一下，这样还免得他们去做别的坏事，没什么不好。

教育专家： 学生们喜欢上网、喜欢网游，我个人认为大概有这么几个原因：首先，玩儿游戏是孩子的天性，好玩儿、好奇、好胜，他们在网络游戏中可以找到自己的兴趣点，通过玩儿游戏，尤其是过关、升级，能够获得一种成就感。第二个原因呢，可能是在学校和家里的压力比较大，他们在网络中可以找到自己发泄的空间。第三个呢就是，网络是一个虚拟的

---

[1] 玩家：对某些活动（如收藏、游戏等）爱好、精通并且特别迷恋的人。

世界，孩子们可以在里面尽情展现自己的特长和才华，丝毫不受约束，那么他们迷上网络、迷上游戏也就是很自然的事情了。

中学教师：说实在的，不少青少年其实很值得同情，我也常常为他们感到难过。他们迷恋网络和网络游戏，实际上跟我们现在的教育体制有很大的关系。不能不承认，我们现在还是一个应试教育[2]体制，孩子的学习压力很大。在学校、在课堂，甚至在家里，他们的自由都是有限的。在这个前提下，进入网络的虚拟空间参与游戏，对他们来说是获得了一种自由，我觉得这是青少年迷恋网络的一个主要原因吧。但更重要的是，网络本身的内容、游戏的设计，还有先进的网络技术，这些比我们在学校教的任何课程都更符合孩子们的需求，对孩子有着巨大的诱惑力。

词语提示

1	着迷	zháo//mí	动	被吸引，入迷。
2	过关	guò//guān	动	通过关口，通过考验或考查。
3	升级	shēng//jí	动	升到比原来高的等级。
4	发泄	fāxiè	动	尽量发出（不满情绪等）。
5	虚拟	xūnǐ	形	假设的，不符合或不一定符合事实的。
6	尽情	jìnqíng	副	尽量由着自己的情感，不加拘束。
7	约束	yuēshù	动	限制使不超越范围。
8	迷恋	míliàn	动	过度爱好而难以舍弃。

---

2 **应试教育**：通常指那种通过考试和考试分数衡量学生水平、选拔学生的教学模式，与素质教育相对应。

9	体制	tǐzhì	名	国家、机关等的组织制度。
10	前提	qiántí	名	事物发生或发展的先决条件。
11	诱惑	yòuhuò	动	吸引。

边学边练

着迷　　过关　　升级　　参与　　动不动　　一辈子

1. 电影里的中国功夫让他_____，他决定到少林寺拜师学习。

2. 这位老人从来没有离开过家乡，他在这里生活了_____。

3. 他特别爱生气，_____就发脾气，同学们都不愿意跟他玩儿。

4. 我申请了一份工作，现在笔试已经_____，就等下一轮面试了。

5. 这款电脑杀毒软件一年内可以免费_____、更新。

6. 和大家一起做游戏，输赢不重要，重要的是_____。

课堂活动与任务

一 词语积累

爱上：_____　　_____　　_____

满足感：_____　　_____　　_____

好（hào）玩儿：_____　　_____　　_____

兴趣点：_____　　_____　　_____

诱惑力：_____　　_____　　_____

网瘾：_____　　_____　　_____

二、选择词语，灵活运用

| 迷上 | 好胜 | 沉迷 | 特别是 | 动不动 |
| 依赖 | 除了 | ……感 | 转折点 | 以至于 |

1. 学完了这本书，表达水平有了提高，老师和学生_____。

2. 昨天的比赛对我们来说_____，整个球队的状况发生了很大变化。

3. 游戏几乎是他的一切，他每天_____还是玩儿游戏，已经_____不能自拔了。

4. 看过电影《霸王别姬》之后，他_____了中国京剧。

5. 有些孩子染上网瘾后，开始说谎，_____说谎骗钱。

6. 随着手机的普及，人们对手机_____，有些人甚至到了离不开的地步。

7. 他这种争强_____的心理其实给了他很大的压力，让他不能放松自己。

8. 为了去网吧，他_____就跟同学借钱，_____现在同学谁见了他都躲。

三、参考所给词语，结合课文内容说一说

1. 课文一中，时下年轻人习惯做什么？（发现　搜索　甚至……都……）

2. 根据课文一，说说网络依赖和染上网瘾的表现。
   （依赖　以至于　特别是……，甚至……　染上）

3. 课文二中，玩儿网络游戏的人喜欢网游的原因是什么？
   （之所以……就是因为……　满足感　其实　动不动）

4. 课文二中，人们怎么看喜欢网游这个问题？
   （除了……还是……　免得　成就感　尤其　首先　甚至　更……的是）

四、举一反三

1. 电影里的小细节、身体突然出现的小毛病，**甚至**是回家路上偶然遇到的那只猫的品种，**都**成了时下年轻人的搜索对象。

　　（1）这对双胞胎的外貌、他们的声音、动作，甚至＿＿＿＿＿＿＿＿＿＿＿＿＿＿，＿＿＿＿＿＿＿＿＿＿＿＿＿＿＿＿＿＿＿＿＿＿＿＿＿＿＿＿＿＿＿。

　　（2）＿＿＿＿＿＿＿＿＿＿＿，＿＿＿＿＿＿＿＿＿＿＿＿，＿＿＿＿＿＿＿＿＿＿＿＿，都对我们有着极大的吸引力。

　　（3）＿＿＿＿＿＿＿＿＿＿＿＿＿＿＿＿＿＿＿＿＿＿＿＿＿＿＿＿＿＿＿＿＿＿。

2. 每天上网时间越来越长，自己无法控制，**特别是**晚上常常上网到深夜，**甚至**整夜不睡，严重影响了正常的工作、学习和生活。

　　（1）近年来价格不断上涨，特别是＿＿＿＿＿＿＿＿＿＿＿＿＿＿＿＿＿＿＿，＿＿＿＿＿＿＿＿＿＿＿＿＿＿＿＿＿＿＿＿＿＿＿＿＿＿＿＿＿＿＿＿＿。

　　（2）＿＿＿＿＿＿＿＿＿＿＿＿＿，＿＿＿＿＿＿＿＿＿＿＿＿＿＿＿＿，甚至连父母也不能告诉＿＿＿＿＿＿＿＿。

　　（3）＿＿＿＿＿＿＿＿＿＿＿＿＿＿＿＿＿＿＿＿＿＿＿＿＿＿＿＿＿＿＿＿＿＿。

3. 我**之所以**这么喜欢玩儿网络游戏，其实再简单不过了，**就是因为**它有意思。

　　（1）青少年之所以那么迷恋网游，＿＿＿＿＿＿＿＿＿＿＿＿＿＿＿＿＿＿＿＿＿＿。

　　（2）＿＿＿＿＿＿＿＿＿＿＿＿＿＿＿＿＿＿＿＿＿＿＿，就是因为它很适合我。

　　（3）＿＿＿＿＿＿＿＿＿＿＿＿＿＿＿＿＿＿＿＿＿＿＿＿＿＿＿＿＿＿＿＿＿＿。

4. 现在各种娱乐消费都太高了，**动不动就**几十块、上百块。

　　（1）我不喜欢这样的节目，＿＿＿＿＿＿＿＿＿＿＿＿＿＿＿＿＿＿＿＿＿＿。

　　（2）＿＿＿＿＿＿＿＿＿＿＿＿＿＿＿＿＿＿＿＿＿＿＿，我看谁也受不了他。

　　（3）＿＿＿＿＿＿＿＿＿＿＿＿＿＿＿＿＿＿＿＿＿＿＿＿＿＿＿＿＿＿＿＿＿＿。

5. 下了课**除了**写作业**还是**写作业，也就是打打游戏能放松一下。

　　（1）＿＿＿＿＿＿＿＿＿＿＿＿＿＿＿＿＿＿＿＿＿＿，学生们一到这个时候就格外紧张。

　　（2）运动员每天的生活其实很单调，＿＿＿＿＿＿＿＿＿＿＿＿＿＿＿＿＿＿＿＿。

　　（3）＿＿＿＿＿＿＿＿＿＿＿＿＿＿＿＿＿＿＿＿＿＿＿＿＿＿＿＿＿＿＿＿＿＿。

6. 这是青少年迷恋网络的一个主要原因。但更重要的是，网络本身的内容符合孩子们的需求。

（1）对我来说，公司是否有名是一个方面，_____。

（2）_____，_____，他将参加奥运会的比赛。

（3）_____。

五、交际策略——列举说明

在说明事物的表现、原因等时，可以使用并列词语、并列句，还可以使用解说复句、递进复句对所述内容进行列举说明，如："首先……，其次/第二……，第三……""……，……，甚至……，都……""……，特别是……，甚至……""……，更……的是……"等，类似的表达方式还有"一是……，二是……，三是……""一来……，二来……"等。

1. 他们行为反常，比如逃学、说谎、不与人交往、对人冷淡、动不动就发脾气等等。

2. 去哪儿吃早饭、坐哪路车、文案怎么写、作业怎么做，他们都要上网搜一搜。

3. 大概有这么几个原因：首先，玩儿游戏是孩子的天性；第二个原因，可能是因为压力比较大，他们需要发泄；第三个就是，孩子们在网络这个虚拟世界里可以丝毫不受约束。

4. 电影里的小细节、身体突然出现的小毛病，甚至是回家路上偶然遇到的那只猫的品种，都成了时下年轻人的搜索对象。

5. 个人性格是一方面的原因，更重要的是学校和家庭对他们的影响。

6. 这次去海南，一来是散散心，二来是去看看多年不见的几个老朋友。

试着使用上述方法，列举说明下面的情况：

1. 网上可以做什么

2. 网上可以搜索到哪些内容

3. 爱上搜索的表现

4. 离不开网络的原因

5. 喜欢或不喜欢在国外生活的原因

6. 逃课的借口和不能逃课的理由

六、表达训练——同情、惋惜

读一读，想一想：

- 没时间玩儿，多可怜啊！
- 那些不能摆脱网瘾的青少年其实很值得同情。
- 我也常常为他们感到难过。

你认为上面几句话表达了什么样的心情？他们是用什么语气说这几句话的？

试一试，说一说：

1. 一只小狗找不到家了，在街上流浪。
2. 一个孩子因为染上网瘾而放弃学习。
3. 一名运动员输了一场重要的比赛。
4. 一个朋友刚刚失去了他的宠物。

"真可怜""……多可怜啊""……值得同情""为……难过"都可以用来表示对某事或某人的同情、惋惜，多用同情的语气。

七、完成任务

1. 调查一下同学们最常使用的搜索网站或工具是什么。
2. 找出几个帮助青少年戒除网瘾的方法。

八、小组讨论

1. 你有网瘾吗？
2. 你对网络有依赖吗？
3. 我们是否过于依赖网络了？
4. 青少年容易网络成瘾的原因是什么？
5. 网络在我们的生活中应该扮演什么角色？

第 4 课　被网络网住的现代人

延伸学习　课文链接

加强网民的责任意识和法律意识，避免"网络暴力"事件的发生或将其带来的负面影响减少到最低。

链接一　网络暴力

他们长时间地生活在网络的虚拟世界中，对互联网产生强烈的依赖，以至于到了不能自拔的程度。

链接二　网络成瘾

我的收获

- 常用词语
- 表达方式
- 精彩观点
- 文化异同

5 老大难问题

学习表达

▶ 一、（过去）……，随着……，（现在）……

1. 在那个年代，自行车除了是人们的代步工具之外，也是衡量人们生活水平的标准。随着时代的变迁，如今衡量人们生活水平的标准已不再是自行车了。

2. 过去，吃野菜是贫穷的象征，随着物质生活的改善，如今野菜也成了"美味佳肴"。

3. 以前与外地的朋友联系只能靠写信，随着技术的更新和网络的发展，现在写信的人大概没有几个了。

▶ 二、（以前）……，现在好了，……

1. 以前去哪儿都是挤公交车，现在好了，自己有了车，去哪儿都方便。

2. 过去最怕去医院，一排队就是好几个小时，现在好了，有了社区医院，医生还能上门服务。

3. 那时候不敢公开做宣传，生意很差。现在好了，我在税务部门登记后，可以公开招聘、公开做广告了。

▶ 三、……，这样一来，……

1. 同样的饭菜，在中午时段要便宜许多，这样一来，就可以吸引一部分顾客改在中午进餐馆消费。

2. 临时来了两个朋友，又没有订到房间，这样一来，我只好打地铺了。

3. 对方的一名主力队员在热身赛中受伤，这样一来，我们又多了一分胜利的把握。

四、……，随之……

1. 吸引一部分顾客改在中午进餐馆消费，既缓解了晚间的压力，就餐环境、服务质量也随之有了改善。
2. 最近气温不断升高，居民用电量也随之大幅度上升。
3. 电子支付出现以后，人们的消费方式也随之发生了很大变化。

五、并非……，还……

1. 大城市堵车的原因并非只是公路少、道路窄，还在于道路资源的分配。
2. 经济的发展并非只有大城市受益，还给小城市带来了发展机遇。
3. 这并非某一个城市、某一个地区的问题，还是全球性的问题。

热身　无人驾驶 5-1

过去十几年间，汽车行业发生了翻天覆地的变化，而无人驾驶的出现无疑从根本上改变了传统汽车的控制方式。随着信息技术的普及，随着大数据、云计算的深入发展，以及导航、定位、电子地图、激光雷达[1]等技术的不断更新换代，无人驾驶汽车的性能肯定会更加完善，无人驾驶的安全性与可靠性也会更高。很多人认为，无人驾驶是大势所趋，未来人类驾驶被自动驾驶替代只是时间问题。

你会选择无人驾驶的汽车吗？你觉得无人驾驶是解决现在交通问题的最佳方案吗？下面简单列举几项无人驾驶的利与弊。你还有哪些补充？

- 更环保，更节能。
- 减少交通压力，因交通事故而导致的拥堵概率会降低。

---

[1] 激光雷达（jīguāng léidá）：一种以发射激光束探测目标的位置、速度等信息的雷达系统。LiDAR。

- 导航技术和实时监控可选择最佳路线，提高出行效率。
- 安全性无法保证。
- 过度依赖信息技术，信号出现问题会导致系统瘫痪。
- 会造成一些人失业。

词语提示 5-2

1	翻天覆地	fāntiān-fùdì	成	形容变化巨大而彻底。
2	导航	dǎoháng	动	指利用电子仪器或其他方法引导航向。
3	定位	dìng//wèi	动	对物体所在的位置进行测量，经测量后确定位置。
4	大势所趋	dàshìsuǒqū	成	事情发展的趋势。
5	拥堵	yōngdǔ	动	车辆拥挤，道路堵塞。
6	瘫痪	tānhuàn	动	人体某一部分运动能力的减弱或丧失，比喻组织机构失去作用，不能正常工作。

课文一　自行车王国的变迁 5-3

中国曾被称为"自行车王国"，是因为那时中国的人多、自行车多，人们大多把自行车作为代步工具。

40年前，谁要是骑一辆凤凰、永久或者红旗[1]牌自行车上下班，那无异于现在开辆高档私家车，让人羡慕得不得了。

在那个年代，自行车除了是人们的代步工具之外，也是衡量人们生活

---

[1] 凤凰（Fènghuáng）、永久（Yǒngjiǔ）、红旗（Hóngqí）：中国自行车品牌。

水平的标准。如果你能搞到一张自行车票,别人一定会夸你"真有两下子"。150多块钱的自行车,对一个月工资只有30多元的普通人来说,要存上一年才能买得起。那时的年轻人会说:"要是我也能有一辆自己的自行车该多好啊!"

如今,人们生活水平不断提高,自行车渐渐被新的交通工具所替代。不管在城市还是农村,私家车已经非常普遍了。打工的年轻人会告诉你:"以前去哪儿都是挤公交车,现在好了,自己有了车,去哪儿都方便。"

随着时代的变迁,如今衡量人们生活水平的标准已不再是自行车了。但随着汽车越来越多,城市交通开始变得拥堵,汽车尾气加剧环境恶化,再加上石油等能源的紧缺,自行车又重新受到人们推崇。

许多人之所以仍然选择骑自行车上下班,有的是把自行车当作既方便又能强身健体的运动工具,更多的则是在寻求一种健康、环保的休闲生活方式。

(编选自《邢台日报》,有删改)

词语提示

1	变迁	biànqiān	动	事物的变化转移。
2	衡量	héngliáng	动	比较,评定。
3	替代	tìdài	动	代替;用A换B,起B的作用。
4	加剧	jiājù	动	使程度变得更为严重。
5	紧缺	jǐnquē	形	因非常缺乏而供应紧张。
6	推崇	tuīchóng	动	尊崇,重视。

边学边练

替代　　变迁　　羡慕　　衡量　　代步工具

1. 人均GDP（国内生产总值）是＿＿＿＿＿一个国家富裕程度的重要标志。
2. 出租车已经成为城市生活中越来越重要的＿＿＿＿＿。
3. 他在比赛中发挥了不可＿＿＿＿＿的作用。
4. 大学毕业后他找到了一份令人＿＿＿＿＿的职业。
5. 随着时代的＿＿＿＿＿，人们的休闲娱乐方式也有了很大的变化。

课文二　解决拥堵难题　5-5

　　交通拥堵是城市现代化过程中的一个"老大难"问题，很多国际大都市也都在尝试各具特色的解决办法，比如发展公共交通、征收道路拥堵费等等。其实，其他行业的某些经验也值得借鉴。

　　比如说，现在一些餐馆把中午饭菜的价格定得比晚上便宜。起因是人们中午没有那么多时间，餐馆没那么多客人，而到了晚上人们却要排队等座，这就造成了餐馆的就餐环境变差，服务的速度和质量都有所下降。于是一些餐馆就采用了午餐打折的经营策略，同样的饭菜，在中午时段要便宜许多，这样一来，就可以吸引一部分顾客改在中午进餐馆消费，既缓解了晚间的压力，就餐环境、服务质量也随之有了改善。

　　这种方法同样可以用来缓解各大城市车流高峰的堵车难题。大城市堵车的原因并非只是公路少、道路窄，还在于道路资源的分配。价格分流，可以给道路的不同时段分别定价，让那些在高峰时间使用拥堵路段的车主们付费，或者说付较高的费，以此来分流车辆，减少道路的竞争性，达到缓解交通拥堵的目的。

另一个解决交通拥堵的好办法就是发展轨道交通。日本的轨道交通网四通八达，费用不高，而且快捷准时，已成为居民出行的首选。就拿东京来说吧，打开东京的地铁轻轨图，就像一张"蜘蛛网"，几乎延伸到了城市的每个角落。高峰时每90秒发一班车，非常准时。据说，主要线路一年所有的晚点加起来才36秒，不得不让人佩服，这是你开车绝对做不到的。在交通枢纽站，不管是市内地铁换乘市内电车，还是市内公交换乘城郊电车、铁路，大都在站内就可以实现，而且不少车站的出站口直通大型商场和公司大楼，这样一来，也缓解了路面交通的压力。此外，许多城市还在离市中心较远的地区设立了大型停车场，鼓励人们将汽车停在那里，换乘公共交通进城，这样也免去了城里高昂的停车费。因此，日本人很少用私家车作为上下班的交通工具，一是时间保证不了，二是停车困难，而且停车费贵得让人心疼。

中国在轨道交通建设方面同样成效显著。北京地铁运营里程达879公里，工作日每天平均客流超过1100万人次；在上海，虹桥交通枢纽每天可以减少近30万辆的路面车流量；深圳也通过人工智能技术提升早高峰进站速度……越来越多的人将轨道交通作为出行首选。

如果搭乘公共交通远比开私家车准时、快捷、便宜，你还开车吗？

（编选自《北京晚报》《北京青年报》，有删改）

词语提示

1	征收	zhēngshōu	动	政府依法向人民或所属机构收取税款等。
2	借鉴	jièjiàn	动	把别的人或事当镜子，对照自己以便吸取经验或教训。
3	就餐	jiùcān	动	吃饭。
4	缓解	huǎnjiě	动	剧烈、紧张的程度有所减轻，变缓和。
5	分流	fēnliú	动	分开或分散流动；分别向不同的方向流动。
6	快捷	kuàijié	形	（速度）快；（行动）敏捷。
7	轻轨	qīngguǐ	名	城市公共交通所使用的铁路。
8	蜘蛛	zhīzhū	名	动物名。（spider）
9	延伸	yánshēn	动	延长；扩大宽度、大小、范围。
10	枢纽	shūniǔ	名	指事物的关键部位，事物之间联系的中心环节。
11	高昂	gāo'áng	形	（价格）高。

边学边练

堵车　征收　缓解　拥堵　老大难　轻轨　快捷　枢纽　高昂　私家车

1. 收入不同，_____的个人所得税也不同。

2. 飞机晚点是个_____问题，不能把责任都推到航空公司身上。

3. 长时间使用电脑，要经常看看远处，_____一下眼睛的疲劳。

4. 前边那个路口常常_____，最好避开那里，从别的路绕过去吧。

5. 短时间内彻底解决城市交通_____问题恐怕不太可能。

6. _____数量猛增导致交通拥堵更加严重。

7. 北京、上海、广州都是中国的航空_____。

8. 要解决＿＿＿＿的学费问题，最好的办法就是申请奖学金。

9. 两个城市之间有了直飞航班，这大概是最方便、最＿＿＿＿的交通方式了。

10. 这个地段的房子价格上涨了，因为这里马上就要通＿＿＿＿了。

课堂活动与任务

一、词语积累

恶化：＿＿＿＿　　＿＿＿＿　　＿＿＿＿

加剧：＿＿＿＿　　＿＿＿＿　　＿＿＿＿

大型：＿＿＿＿　　＿＿＿＿　　＿＿＿＿

不可避免：＿＿＿＿　　＿＿＿＿　　＿＿＿＿

二、选择词语，灵活运用

| 私家车 | 随着 | 并非 | 拥堵 | 这样一来 |
| 两下子 | 随之 | 缓解 | 借鉴 | 代步工具 |

1. 虽然＿＿＿＿越来越普及，但自行车仍然是中国老百姓＿＿＿＿。

2. ＿＿＿＿，居然能让他们接受了我们的条件，太棒了。

3. ＿＿＿＿时代的变迁，人们的生活方式有了很大改变，人们的观念也＿＿＿＿转变。

4. 为了＿＿＿＿大家的工作压力，老板决定给我们三天假期，集体驾车出游。

5. ＿＿＿＿是个老大难问题，要想彻底解决绝对不容易。

6. 我们需要考虑本国情况，并＿＿＿＿，找到最适合自己的方法。

7. ＿＿＿＿所有动物的血都是红色的，蜘蛛的就不是。

8. 我们要先注册登记，＿＿＿＿，就可以合法经营了。

三、参考所给词语，结合课文内容说一说

1. 根据课文一，说说中国人日常交通工具的变化。

   （代步工具　衡量……，随着……，如今……）

2. 根据课文二，说说一些餐馆改变营销策略前后的变化。

   （甚至　于是　这样一来　随之）

3. 课文二中提出了什么方法来解决交通拥堵？

   （缓解　并非……还……　以此来……）

4. 根据课文二，说说日本的轨道交通。（四通八达　延伸　交通枢纽　这样一来）

5. 根据课文二，说说为什么日本人一般不开车上下班。

   （轨道　因此　一是……，二是……，而且……）

四、举一反三

1. 在那个年代，自行车除了是人们的代步工具之外，也是衡量人们生活水平的标准。**随着**时代的变迁，如今衡量人们生活水平的标准已不再是自行车了。

   （1）两年前，每次上场比赛他都紧张，随着比赛经验的丰富，_____。

   （2）_____，_____，现在已经是世界500强之一了。

   （3）_____。

2. **要是**我也能有一辆自己的自行车**该多好啊**！

   （1）同学们一毕业都找到了工作，_____。

   （2）_____该多好啊！

   （3）_____。

3. 以前去哪儿都是挤公交车，现在好了，自己有了车，去哪儿都方便。

（1）以前存钱取钱都得去银行，_____。

（2）_____，现在好了，24小时服务了。

（3）_____。

4. 同样的饭菜，在中午时段要便宜许多，这样一来，就可以吸引一部分顾客改在中午进餐馆消费。

（1）我们的预算减少了一半，_____。

（2）_____，_____，情况就变得更加复杂了。

（3）_____。

5. 吸引一部分顾客改在中午进餐馆消费，既缓解了晚间的压力，就餐环境、服务质量也随之有了改善。

（1）课程介绍引起了大家的兴趣，_____。

（2）_____，他的收入也随之提高了。

（3）_____。

6. 大城市堵车的原因并非只是公路少、道路窄，还在于道路资源的分配。

（1）这一问题影响到的并非你一个人，_____。

（2）_____，而是要看你解决问题的能力。

（3）_____。

五、交际策略——叙述事物的发展变化

在介绍或叙述某一情况时，可使用因果复句、承接复句对事情的发展变化和结果加以说明，如："……，因此……""……，由此……""……，这样一来，……""……，随之，……""……，于是……""（过去）……，随着……，（如今）……""（那时候）……，现在好了，……"等。

1. 在那个年代，自行车除了是人们的代步工具之外，也是衡量人们生活水平的标准。随着时代的变迁，如今衡量人们生活水平的标准已不再是自行车了。

2.餐馆的就餐环境变差，服务的速度和质量都有所下降。于是一些餐馆就采用了午餐打折的经营策略。

3.同样的饭菜，在中午时段要便宜许多，这样一来，就可以吸引一部分顾客改在中午进餐馆消费，既缓解了晚间的压力，就餐环境、服务质量也随之有了改善。

4.不少车站的出站口直通大型商场和公司大楼，这样一来，也缓解了路面交通的压力。

5.以前去哪儿都是挤公交车，现在好了，自己有了车，去哪儿都方便。

试着使用上述方法，说说下面事情的发展或结果：

1. 人们对学习汉语的热情
2. 买闹钟前后
3. 征收道路拥堵费、进城费前后
4. 加大违章罚款力度以后
5. 门前的道路改为了单行道

六 表达训练——称赞、羡慕

读一读，想一想：

- 你真有两下子。
- 要是我也能有一辆自己的自行车该多好啊！
- 主要线路一年所有的晚点加起来才36秒，不得不让人佩服。
- 让人羡慕得不得了。

你认为上面这几句话表达了什么样的心情？要用什么语气说这几句话？

试一试，说一说：

1. 同学获得了口语比赛的第一名。
2. 一个十几岁的女孩儿独自完成海上航行。
3. 其他大学提前一周放假。
4. 朋友跳槽到一家著名公司。
5. 有人中了大奖。
6. 朋友辞职去环球旅行。

> **提示**
>
> "真有两下子""让人佩服"都是在称赞，还可以说"真了不起""果然名不虚传"等，而"真让人羡慕""看人家多……""要是我也……该多好啊"是表示羡慕，多用感叹、称赞和羡慕的语气。

七 完成任务

1. 街头调查：人们常使用的交通工具。

常使用的交通工具		为了避免交通拥堵会使用哪些代步工具
长途	短途	

2. 街头调查：人们认为交通拥堵的主要原因是什么？列出前3个。

造成交通拥堵的原因	
各种原因	三大主要原因

八 小组讨论

1. 你最头疼的交通问题是什么？
2. 为什么说交通问题是个老大难问题？
3. 你们国家有哪些交通问题？有哪些有效的解决办法？
4. 如果你有权改变你现在居住城市的交通，你首先要做的是哪三件事？

延伸学习　课文链接

　　酒后驾车一直是交通事故高发的主要原因之一，可喝酒应酬有时又是不可避免的社交活动，所以代驾服务应运而生。

链接一　代驾服务

　　尽管惩罚机制十分严苛，但酒后驾车始终是一个难题，总是有人心存侥幸，造成悲剧。

链接二　对酒后驾车的处罚

我的收获

- 常用词语
- 表达方式
- 精彩观点
- 文化异同

6 人类最糟糕的发明

学习表达

▶ 一、……在于……

1. 移动电话数量迅速增长，很重要的原因就在于它给人们带来的方便，在于它大大提升了人类的生活质量。
2. 这部小说之所以受到读者的喜爱，就在于它完整、复杂的故事情节。
3. 我们产品的优势在于独特的设计和稳定的质量保证。

▶ 二、……足以……

1. 如果把这些塑料袋覆盖在地球表面，足以给地球穿上好几件"白色外衣"。
2. 研究证明，反式脂肪酸食用过量，足以给健康带来威胁。
3. 照射在地球上大约40分钟的太阳能，便足以供全球人类一年的能量消耗。可以说，太阳能是真正取之不尽、用之不竭的能源。

▶ 三、……，以至于……

1. 汽车的发明是如此重要，以至于在发达国家，汽车几乎跟鞋子一样必不可少。
2. 虽然事实并非如此，但是这一传说流传太广了，以至于许多人对此深信不疑。
3. 整个学习过程设计得如此巧妙，以至于我们很快忘记了我们是在学习。

▶ 四、……的确/确实……，然而/但是……

1. 电池的确是人类的一个重要发明，然而，电池对环境造成的污染也是我们不得不重视的一个事实。
2. 这里的资源确实很丰富，但是不合理的开发和利用终究会带来严重的后果。

3. 锻炼确实对身体有益，但是运动过量也会造成损伤。

▶ 五、……固然……，但是/可是……

1. 克隆技术在农业、生物学、医学、遗传学等方面都有广泛的应用价值，这固然是科技的进步，但是"克隆人"却使人类不得不面对道德伦理的挑战。
2. 这种药的疗效固然很明显，但是它的副作用也不小。
3. 造成这种现象的原因固然是多方面的，可是我认为最重要的一点还是人为因素。

热身 移动支付 🎧 6-1

有一种观点认为，移动通信和互联网是20世纪后期人类最伟大的发明。1978年，科学家们试验成功了世界上第一个移动通信系统，并于1983年正式投入商用。这是人类发展史上的重大发明，但移动电话日后风靡全球，达到如此普及的程度，恐怕也是发明者始料不及的。取得这看起来不可思议的增长速度，很重要的原因就在于它给人们带来的前所未有的、不可替代的方便，在于它大大提升了人类的生活质量。移动通信的特点是个人化和不受空间、时间限制的移动性，这两个特点恰恰符合了人类社会快节奏的生活方式。

进入21世纪，科技的进步和创新带来了更多的发明与应用，纳米技术、仿生心脏、无人驾驶汽车，都可以当之无愧地被称为最具影响力的发明，其中当然也包括和我们生活息息相关的移动支付。

移动支付是依托互联网平台的一种支付方式，通过手机就可以进行货币支付，无论是购买商品还是货币转账，购买服务还是缴纳费用，都可以随时随地进行。移动支付取代了现金、银行卡和支票，不仅可以用于网络购物、网上订餐，线下大商场、小门店也都可以扫码支付；人们还可以通过移动支付平台管理自己的银行账户，转账、理财或缴纳话费、水电费等各种生活费用，甚至订机票、坐公交、租用共享单车，也都可以通过移动支付完成。我们的衣、食、住、行都享受到了移动支付带来的便利。过去人们出门必带钱包、钥匙、证件、银行卡，可现在，一部手机就足够了。

（编选自《人民网》，有删改）

词语提示 6-2

1	风靡	fēngmǐ	动	草木随风而倒，形容事物很风行。
2	始料不及	shǐliàobùjí	成	当初没有料想到。
3	不可思议	bùkě-sīyì	成	不能想象，不能理解。
4	前所未有	qiánsuǒwèiyǒu	成	历史上从来没有过。
5	当之无愧	dāngzhīwúkuì	成	完全够条件承当某种荣誉，不用惭愧。

课文一　人类最糟糕的发明是什么？ 6-3

　　1902年，奥地利科学家马克斯·舒施尼发明了塑料袋，这在当时无异于一场科技革命。可是，令舒施尼万万想不到的是，100年后，在纪念塑料袋"百岁诞辰"时，它竟然被欧洲环保组织评为"20世纪人类最糟糕的发明"。

　　如果告诉你，21世纪初，在全球范围内，1分钟内就要用掉100万个塑料袋，你也许会不敢相信自己的耳朵，但事实就是如此。全世界一年至少要用掉5000亿个塑料袋，如果把这些塑料袋覆盖在地球表面，足以给地球穿上好几件"白色外衣"。被人们丢弃的塑料袋，如果不能妥善回收，就会进入环境，并给环境造成很大的危害。令人感到欣慰的是，现在不少国家和城市都已禁用塑料袋，或逐渐改用环保塑料袋。

塑料袋的罪过之一：视觉污染。废塑料袋散落在地面上，被风一吹，漫天飞扬，或随风挂在树枝上，或漂浮在水面上，给人们的视觉带来不良刺激，破坏了环境的整体美感。在中国，人们称它为"白色污染"。

塑料袋的罪过之二：浪费资源。塑料袋不仅污染了环境，废塑料袋随垃圾填埋，还会占用大量土地，而且影响土地的可持续利用。

塑料袋的罪过之三：对动物生存构成威胁。丢弃在陆地上或水中的废塑料袋，被动物当作食物吞食，导致动物死亡，这类情况屡见不鲜。尤其是抛入海洋中的塑料袋，堪称"海洋生物杀手"。

（编选自《珠江时报》，有删改）

词语提示  6-4

1	无异	wúyì	动	没有不同，等同。
2	诞辰	dànchén	名	生日(多用于所尊敬的人)。
3	覆盖	fùgài	动	遮盖，从上面遮住。
4	足以	zúyǐ	动	完全可以，够得上。
5	罪过	zuìguo	名	过失。
6	视觉	shìjué	名	物体的影像刺激眼睛所产生的感觉。
7	堪称	kānchēn	动	可以称作，称得上。
8	杀手	shāshǒu	名	比喻危害生命的某些疾病、物质等。

边学边练

足以　　可持续　　诞辰　　堪称　　视觉

1. 他的故乡将举行盛大活动纪念这位伟人_____100周年。
2. 海水所产生的能源_____供我们使用上千年。
3. 这里植物种类之多、数量之大_____世界之最。
4. 只有保证经济和社会发展及环境的协调,才能实现城市的_____发展。
5. 猫头鹰在夜间的_____非常敏锐,可是白天它却什么也看不见。

课文二　人类最糟糕的发明排行榜 6-5

汽车:汽车的发明是如此重要,以至于在发达国家,汽车几乎跟鞋子一样必不可少。然而它也是把锋利的双刃剑,汽车不仅制造了频繁的交通堵塞、交通事故,而且还是消耗能源的无底洞和大气污染的移动污染源。它的发明者恐怕做梦也想不到,汽车在21世纪初居然被称为"城市生活中的流动杀手"。

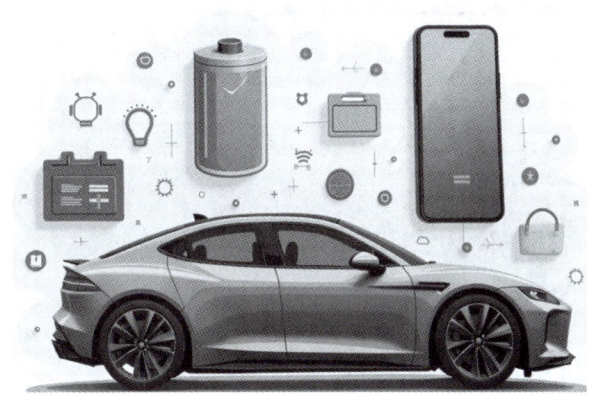

电池:电池的确是人类的一个重要发明,它能根据人的需要,随时随地为人类带来光明和动力。然而,电池对环境造成的污染却使我们不得不重视这样一个事实:人类可能在200年的时间里享受电池的益处,却要用更长的时间去遭受其害。

手机：手机无疑是信息社会最重要的发明之一，它给这个瞬息万变的社会带来了更多便捷。想象一下忘带手机，或者偶尔忘记充电，手机无法使用时的尴尬，从这儿就可以看出，在我们的生活里，手机扮演着多么重要的角色。然而就在手机备受人们青睐的同时，关于手机辐射是否会对人体健康造成伤害这一话题，各种说法却让人不知应该相信谁，全球科技界对此似乎也尚无定论。

克隆：克隆技术在农业、生物学、医学、遗传学等方面都有广泛的应用价值，这固然是科技的进步，但是"克隆人"却使人类不得不面对道德伦理的挑战。克隆人与被克隆人的关系到底该是什么呢？克隆人的身份和社会权利又该如何确定呢？而更为严峻的问题是，我们是克隆100个希特勒还是克隆1000个爱因斯坦？

（编选自《人类最糟糕的发明》，有删改）

词语提示 🎧 6-6

1	以至于	yǐzhìyú	连	以致，用在后句表示结果。
2	锋利	fēnglì	形	指工具或武器尖而快。
3	双刃剑	shuāngrènjiàn	名	两面都有刃的剑，用来形容事情的双重影响性，既有利也有弊。
4	无底洞	wúdǐdòng	名	填不满的洞，比喻满足不了的物质要求或者做不完的事。
5	瞬息万变	shùnxī-wànbiàn	成	在极短的时间内变化很多很快。
6	备	bèi	副	表示完全。
7	青睐	qīnglài	动	比喻喜爱或重视。
8	辐射	fúshè	动	光线、无线电波等电磁波的传播。
9	伦理	lúnlǐ	名	指人与人相处的各种道德准则。

| 10 | 克隆 | kèlóng | 动 | 生物体通过体细胞进行无性繁殖，复制出遗传性状完全相同的生命物质或生命体（clone）。 |
| 11 | 严峻 | yánjùn | 形 | 严厉，严肃。 |

边学边练

青睐　　辐射　　无底洞　　以至于　　双刃剑　　备受

1. 这种产品受到世界各地顾客的_____。

2. 新产品一上市就_____欢迎。

3. 他给大家带来了太多的麻烦，_____一说到他的名字，大家就头疼。

4. 防晒霜可以防止紫外线的_____。

5. 价格从来都是一把_____，商家可以通过提高价格增加利润，但也会因价格过高而丢失客户。

6. 这个项目建设之前被市场看好，建成后却成了赔钱的_____。

课堂活动与任务

一、词语积累

视觉：_____　　_____　　_____

可持续：_____　　_____　　_____

双刃剑：_____　　_____　　_____

备受青睐：_____　　_____　　_____

不可思议：_____　　_____　　_____

二、选择词语，灵活运用

> 做梦　　足以　　固然　　无异于　　当之无愧
> 竟然　　在于　　堪称　　以至于　　前所未有

1. 连续的暴雨天气对灾区来说＿＿＿＿＿＿。
2. 我＿＿＿＿＿＿会在异国他乡遇到多年不见的小学同学。
3. 中国明代李时珍的《本草纲目》＿＿＿＿＿＿古代世界的药物大全。
4. 那里的自然资源＿＿＿＿＿＿，却也禁不起无节制的开发。
5. 我们进口了大量的新产品，＿＿＿＿＿＿近期的市场需求。
6. 全球变暖使海平面升高，近一百年来＿＿＿＿＿＿上升了近十五厘米。
7. 这对双胞胎姐妹太像了，＿＿＿＿＿＿他们的父母都常常把她们搞错。
8. 任何技术都有利弊，关键＿＿＿＿＿＿使用得当。
9. 这项发明给人们带来了便利和快乐，＿＿＿＿＿＿地被评为"最受欢迎的发明"。
10. 经过大家的努力，我们球队在今年的比赛中获得了＿＿＿＿＿＿。

三、参考所给词语，结合课文内容说一说

1. 人们如何评价移动通信？（当之无愧　始料不及　不可思议　在于）

2. 1902年和2002年，人们对塑料袋的看法有什么不同？（无异于　万万　竟然）

3. 世界上塑料袋的使用量有多大？（自己的耳朵　足以）

4. 塑料袋带来哪些问题？（视觉　不仅……还/而且……　可持续　堪称）

第 6 课　人类最糟糕的发明

5. 为什么说汽车是最糟糕的发明之一？（以至于　然而　双刃剑　做梦）

6. 为什么电池、手机、克隆都被认为是最糟糕的发明之一？
（……的确/固然……，然而/但是……　无疑　青睐）

四　举一反三

1. 移动电话数量迅速增长，很重要的原因就在于它给人们带来的方便。

　　（1）设立这项奖学金的目的在于＿＿＿＿＿＿＿＿＿＿。

　　（2）很多人不喜欢这项发明的原因在于＿＿＿＿＿＿＿＿＿＿。

　　（3）＿＿＿＿＿＿＿＿＿＿＿＿＿＿＿＿＿＿＿＿。

2. 如果把这些塑料袋覆盖在地球表面，足以给地球穿上好几件"白色外衣"。

　　（1）他们已经收集了大量证据，＿＿＿＿＿＿＿＿＿＿。

　　（2）公司所有高层都参加了这次活动，＿＿＿＿＿＿＿＿＿＿。

　　（3）＿＿＿＿＿＿＿＿＿＿＿＿＿＿＿＿＿＿＿＿。

3. 汽车的发明是如此重要，以至于在发达国家，汽车几乎跟鞋子一样必不可少。

　　（1）这个路口的设计有问题，连续出了几次事故，＿＿＿＿＿＿＿＿＿＿。

　　（2）家乡的发展，简直快得不可思议，＿＿＿＿＿＿＿＿＿＿。

　　（3）＿＿＿＿＿＿＿＿＿＿＿＿＿＿＿＿＿＿＿＿。

4. 电池的确是人类的一个重要发明，然而，电池对环境造成的污染也是我们不得不重视的一个事实。

　　（1）从理论上讲的确如此，＿＿＿＿＿＿＿＿＿＿。

　　（2）＿＿＿＿＿＿＿＿＿＿＿＿＿＿＿，然而，机会的把握也绝对不能忽视。

　　（3）＿＿＿＿＿＿＿＿＿＿＿＿＿＿＿＿＿＿＿＿。

5. 克隆技术在农业、生物学、医学、遗传学等方面都有广泛的应用价值，这固然是科技的进步，但是"克隆人"却使人类不得不面对道德伦理的挑战。

（1）比赛没能获胜固然让人失望，_____。

（2）_____，但是在发展的过程中也出现了不少问题。

（3）_____。

6. 它的发明者恐怕做梦也想不到，汽车在21世纪初居然被称为"城市生活中的流动杀手"。

（1）_____，我们的设计获得了国际大奖。

（2）_____，真是做梦也没有想到。

（3）_____。

五　交际策略——用让步转折复句提出不同观点

使用含让步意思的转折复句，先对某一事实或观点给予确认、肯定，然后表达出与这一事实或观点不同、相对、相反的或部分相反的意思，后句才是语义重点，即你个人的看法。可以在讨论问题时，特别是不完全同意对方的观点时使用。前半句多用"确实""的确""固然""无疑"等确认肯定，后半句多用转折词语"可是""但是""然而""却"等，对话时还可以用"话是这么说，可是……""说是这么说，可是……"等。

1. 电池的确是人类的一个重要发明，然而，电池对环境造成的污染也是我们不得不重视的一个事实。

2. 克隆技术在农业、生物学、医学、遗传学等方面都有广泛的应用价值，这固然是科技的进步，但是"克隆人"却使人们不得不面对人类道德伦理的挑战。

3. 这里的资源确实很丰富，但是不合理的开发和利用终究会带来严重的后果。

4. 甲：现代通信使我们的交流和联系变得越来越容易。

乙：话是这么说（说是这么说），可是你不觉得它也让我们变得越来越孤独了吗？

试着使用上述方法，表达与下列观点不同的看法：

1. 电子邮件让我们省去了写信、寄信的麻烦

2. 抗生素可以减轻病痛，延长寿命

3. 空调可以让我们冬暖夏凉

4. 卡拉OK机可以让每个人一展歌喉，自娱自乐

5. 自媒体让每个人都有机会表达自己的观点

六　表达训练——吃惊、意外

读一读，想一想：

- 万万想不到的是，100年后，它竟然被欧洲环保组织评为"20世纪人类最糟糕的发明"。
- 我简直不敢相信自己的耳朵！
- 它的发明者恐怕做梦也想不到，汽车现在居然被称为"城市生活中的流动杀手"。
- 移动电话日后风靡全球，达到如此普及的程度，恐怕也是发明者始料不及的。

提示

"竟然""万万想不到""不敢相信自己的耳朵/眼睛""做梦也想不到/没想到""始料不及"都用来表示事情出乎意料，除此之外还有"天啊""好家伙""真叫人难以相信""从来没听说过这样的事"等，都可以表达感到意外、吃惊。

你认为上面这几句话表达了什么样的心情？要用什么语气说这几句话？

试一试，说一说：

1. 一粒小小的纽扣电池可污染600立方米水。

2. 上网搜索发现和你同名的人有三万个。

3. 一觉醒来发现自己到了另外一个城市。

4. 陪朋友去面试，自己却被考官看中。

5. 一位你从来没听他唱过歌的朋友获得了卡拉OK演唱比赛第一名。

6. 如果以很高的音量每周戴耳机听音乐超过五个小时，五年后可能会永久失聪。

七　完成任务

在同学中征集答案，请他们说出自己认为的"最糟糕的发明""最伟大的发明""最烦人的发明""最期待的发明"和理由。

	发明	理由
最糟糕的发明	• • • •	• • • •
最伟大的发明	• • • •	• • • •
最烦人的发明	• • • •	• • • •
最期待的发明	• • • •	• • • •

八 小组讨论

1. 选择征集到的"最糟糕/伟大/烦人/期待的发明"之一，进行讨论，大家各自发表自己的看法。

2. 设想新的题目——"最……的发明"，并谈谈各自的想法。

延伸学习　课文链接

当年他突发奇想，发明了卡拉 OK 机。可是他万万没有想到，这项发明登上了英国"最烦人发明榜"之首，成为英国人最讨厌的发明。

链接一　最烦人的发明

这些都是参赛者为解决日常生活中遇到的问题而设想的工具，而今其中有些已经成为现实，成功运用在我们的生活中。

链接二　你最期待的发明

我的收获

- 常用词语

- 表达方式

- 精彩观点

- 文化异同

7 你是其中哪一种

学习表达

▶ 一、随（着）……V 而 V

1. 语言学家告诉我们，语言随社会的产生而产生，随社会的发展而发展。
2. 夏季到来，城市的用电量随气温的升高而增加。
3. 这种现象是随着环境的变化而产生的。

▶ 二、……可不是……，而是……

1. 这里的"拼"可不是拼命、拼争，而是拼凑、拼合的意思。
2. 他们这样做可不是故意给大家添麻烦，而是为各位的安全考虑。
3. 您看到的可不是普普通通的一幅画，而是传了几代的名家作品。

▶ 三、用……的话讲／说

1. 用拼客们自己的话讲，这是一种节约、时尚、快乐、共赢的新型生活方式。
2. 用他们的话讲，这叫好处大家都有份；用时髦的话讲，这叫共赢。
3. 今天的比赛队员们发挥得很好，打得很精彩，用网民的话说，他们的表现很给力。

▶ 四、V 来 V 去

1. 公交太慢，地铁太挤，打车太贵，买车太难，说来说去，还是拼车方便快捷、经济实惠。
2. 他偏爱这个品牌，选来选去，还是选了它。

3. 这个决定对他来说太重要了,他思来想去还是拿不定主意。

▶ 五、比A还A

1. 现代"达人",指的是精通某一领域、某一方面的人,也就是专家、行家,比高手还高手。
2. 他在中国生活了很多年,而且研究中国文化,大家都说他比中国人还中国人。
3. 听他说话的口气,简直比专家还专家。

▶ 六、不在话下

1. 游戏达人:理所当然熟悉各种游戏,游戏中的所有难关都不在话下。
2. 他是这个项目最有竞争力的选手,进入决赛圈不在话下。
3. 今年的销售额大幅度提高,别说是超计划10%,就是超20%也不在话下。

热身　新词新语　7-1

　　学习中文,相信你一定知道《现代汉语词典》。可是你知道吗?《现代汉语词典》1956年开始编写,1959年完成初稿,1978年正式发行,至今几经修订,每一次修订都会收录一些新词新语。2012年出版的第6版比2005年的第5版增收了3000多条词语,2016年的第7版比第6版增收了400多条新词语,增补新义近100项。这些新增词语涉及政治、经济、历史、文化艺术、社会生活、网络等各个方面,其中比例最高的是社会生活类的新词,这些词语最直接地体现了大众生活方式和观念的变化。

　　据统计,现代汉语中每年大概要出现1000个新词新语。有的是随着新事物、新现象、新观念的出现而产生的,如"手机""宽带[1]";有的是来自外

1　宽带:数据传输速率超过1兆比特/秒的网上接入方式。broadband。

语或汉语方言的,如"脱口秀[2]""买单";有的是旧词语有了新的用法和含义,如"菜单[3]""粉丝";还有的是词语衍生和缩略形成的,如由"白领""蓝领"衍生的"金领""粉领",个人演唱会的缩略形式"个唱"。

语言学家告诉我们,语言随社会的产生而产生,随社会的发展而发展。语言是社会生活的一面镜子,也是社会变化和发展的晴雨表。当今世界,科学技术的进步、社会生活和生活观念的变化带来了很多新事物、新现象,我们的语言中也出现了不少新词新语。它们有的随着事物的消失而消亡,有的逐渐在语言中稳定并保留了下来。旧词语的淘汰、新词新语的产生不仅反映了语言自身的规律,也折射出政治、科技、文化和生活的变化。

下面我们要讨论的这些词语,都是指某一些特定的群体,看看你属于其中的哪一种呢?

词语提示  7-2

1	含义	hányì	名	包含的意义。
2	衍生	yǎnshēng	动	演变发生。
3	缩略	suōlüè	动	(词或短语)缩短省略。
4	晴雨表	qíngyǔbiǎo	名	预测天气晴或雨的气压表,比喻能及时敏锐地反映事物变化的指示物。
5	消亡	xiāowáng	动	灭亡,消失。
6	淘汰	táotài	动	在选择中去除(不好的或不合适的)。
7	折射	zhéshè	动	比喻把事物的表象和实质表现出来。

---

2 **脱口秀**:广播、电视中主持人和嘉宾以现场谈话为主的节目。talk show。
3 **菜单**:指列有各种菜肴的清单。现也指电脑程序运行中出现在显示屏上的选项列表。

课文一　拼客

所谓拼客,指的是近年来出现的这样一个群体,他们一般都素不相识,却集中在一起共同完成一件事或一项活动,并分摊所需费用。这里的"拼"可不是拼命、拼争,而是拼凑、拼合的意思。他们中有的拼车、拼餐、拼房,还有的拼卡、拼游、拼购,总之,对拼客们来讲,生活中可拼的太多了。他们既可以分摊成本、共享优惠,又能享受快乐、结交朋友。用拼客们自己的话讲,这是一种节约、时尚、快乐、共赢的新型生活方式,是一种潮流、一种理念,也是一种生活态度。

- 拼房:就是找人合租住房。有不少大学毕业刚刚参加工作的年轻人,收入不高,找个人和自己拼房,既能分摊房租,节省开支,又能告别一个人的孤独,享受家一样的生活。说来说去,就是花得更少,住得更好。

- 拼车:就是几个人一起搭车上路。可以是出租车,也可以是私家车,车费、油费均摊或根据路程远近按比例分摊;可以拼车上下班,也可以拼车去郊游。拼客们说,公交太慢,地铁太挤,打车太贵,买车太难,说来说去,还是拼车方便快捷、经济实惠,还能节约能源。

- 拼卡:现代都市的年轻人,谁的口袋里没有几张卡呀?购物卡、美容卡、游泳卡、健身卡……可这些卡一般都有使用期限,一个人很难在规定的期限内用完一张卡,于是拼客们就两个人或更多人合办一张卡、共用一张卡,发挥卡的最大价值,降低每个人的成本。

词语提示

1	群体	qúntǐ	名	同类人或事物组成的整体。
2	素不相识	sùbùxiāngshí	成	从来不认识。
3	分摊	fēntān	动	分担（费用）。
4	拼争	pīnzhēng	动	尽全力争取、抗争。
5	拼凑	pīncòu	动	把零散的合在一起。
6	拼合	pīnhé	动	合在一起，组合。
7	共赢	gòngyíng	动	大家都得到利益。
8	潮流	cháoliú	名	比喻社会变动或发展的趋势。
9	理念	lǐniàn	名	思想，观念。
10	孤独	gūdú	形	独自一个，孤单。
11	搭车	dā//chē	动	趁便乘坐顺路的车辆。
12	均摊	jūntān	动	平均分摊。
13	实惠	shíhuì	形	有实际的好处。

边学边练

分摊　　实惠　　潮流　　理念　　素不相识　　说来说去

1. 这家餐馆的饭菜既经济又_____，受到附近居民的欢迎。

2. 他们的教育_____不同，自然办学的方式也不同。

3. 他们_____，可一见面就成了好朋友。

4. 几个人总是一起去旅游，回来_____所有费用，他们觉得又方便又省钱。

5. 巴黎的服装闻名世界，也领导着世界服装的_____。

6. 张三说费用太高，李四说条件不好，_____，他们就是想劝我放弃。

课文二　达人

"达人"可不是一个新词，早在中国古代就有了，表示的是明白事理的人、豁达的人、显贵的人。而现代"达人"，指的是精通某一领域、某一方面的人，也就是专家、行家，比高手还高手。

不过关于它的来源也有不同的说法，有人说"达人"一词来自日语，还有人说它源自英语的"talent"。不管来自哪里，"达人"一词现在使用非常广泛，特别受到网友的喜爱。只要是在某一方面有丰富的经验，在某一方面是高手，就可以被称为"……达人"。下面这些"达人"，你应该能猜个八九不离十吧。

- 音乐达人：一定是在音乐方面有特殊才华的人；
- 减肥达人：不用说，一定熟悉并尝试过各类减肥方法；
- 游戏达人：理所当然熟悉各种游戏，游戏中的所有难关都不在话下；
- 美食达人：必定是爱吃、会吃，厨艺没的说，周围的餐厅、饭店没有他不知道的；
- 时尚达人：他们对一切时尚元素都不会陌生，想知道时下最流行什么、什么最时髦，问他准没错；
- 恋爱达人："爱情专家"的称号非他莫属，有丰富的恋爱经验，爱情遇到难题，找他咨询一定会有收获。

除此之外，你会在网上常常看到一些求助信息，比如"请问各位达人，如何……""求助达人，……"。如果你还不能理解"达人"的意思，那就也在网上发个帖子，你可以这样问："哪位达人指教一下，什么是达人？"

词语提示

1	达人	dárén	名	流行用语，指在某方面很精通的人，某方面的高手。
2	豁达	huòdá	形	性格开朗、气量大。
3	显贵	xiǎnguì	形	声名显赫，地位尊贵。
4	精通	jīngtōng	动	对学问、技术等有透彻的了解并熟练掌握。
5	行家	hángjia	名	内行人，对某种事情或工作有丰富知识和经验的人。
6	高手	gāoshǒu	名	某一方面特别高明的人。
7	理所当然	lǐsuǒdāngrán	成	从道理上说应当这样。
8	不在话下	búzài-huàxià	成	指事物轻微，不值得说，或事属当然，用不着说。
9	厨艺	chúyì	名	烹调的技艺。
10	称号	chēnghào	名	给某人或某事物的名称（多用于光荣的）。
11	咨询	zīxún	动	询问，征求意见。
12	指教	zhǐjiào	动	指点教育。

边学边练

精通　　行家　　咨询　　准没错　　非他莫属　　不在话下

1. 我们都是外行，很难判断这件文物的真假，得找个 ＿＿＿＿＿ 来帮我们看看。

2. 他 ＿＿＿＿＿ 好几门外语，堪称语言天才。

3. 他的脑子比计算机还快，对他来说，一分钟完成这十几道题 ＿＿＿＿＿ 。

4. 他是最有实力的选手，今年的冠军　　　　　　　。

5. 要想知道在哪儿能吃到地道的中国菜，问他　　　　　　　。

6. 你可以拨打他们的电话　　　　　　相关的信息。

课堂活动与任务

一、词语积累

白领：　　　　　　　　　　　　　　　　　　　　　　　　　

拼客：　　　　　　　　　　　　　　　　　　　　　　　　　

说来说去：　　　　　　　　　　　　　　　　　　　　　　　

高手：　　　　　　　　　　　　　　　　　　　　　　　　　

音乐达人：　　　　　　　　　　　　　　　　　　　　　　　

二、选择词语，灵活运用

| 淘汰 | 八九不离十 | 达人 | 晴雨表 | 缩略 |
| 高手 | ……来……去 | 潮流 | 理所当然 | 折射 |

1. 他的网上购物经验丰富，熟知各种购物网站，被我们　　　　　　　。

2. 几个人一起拼车，费用均摊　　　　　　　。

3. "彩电"是"彩色电视机"的　　　　　　　，这样更方便使用。

4. 我们对结果的预测不敢说百分百准确，却也　　　　　　　。

5. 我们的语言中，不断　　　　　　　，也不断有新的词语产生。

6. 这家商场每个季度都会请著名设计师向顾客介绍最新的时尚　　　　　　　和产品信息。

7. 我们在网上＿＿＿＿＿＿，总算找到了比较合理的解释。

8. 游戏的这一关怎么也过不去，看来得＿＿＿＿＿＿。

9. 在市场经济条件下，股票市场就是社会经济的＿＿＿＿＿＿。

10. 市长热线接到了不少反映问题的电话，这也＿＿＿＿＿＿百姓关注的热点。

三、参考所给词语，结合课文内容说一说

1. 根据热身课文，说说新词新语是怎样产生的。
   （有的……，有的……，还有的……　随……而……　晴雨表）

2. 根据课文一，说说什么是"拼客"。
   （所谓……指的是……　可不是……而是……　用……的话讲）

3. 根据课文一，拼房、拼车、拼卡等有什么好处？（说来说去　分摊　实惠）

4. 根据课文二，举例说明什么是"达人"？
   （比……还……　精通　不在话下　没的说　准没错　非他莫属）

四、举一反三

1. 语言学家告诉我们，语言随社会的产生而产生，随社会的发展而发展。
   （1）有一些新词语会＿＿＿＿＿＿，也有一些旧词语会＿＿＿＿＿＿。
   （2）我们办理这些会员卡的价格＿＿＿＿＿＿。
   （3）＿＿＿＿＿＿。

2. 这里的"拼"可不是拼命、拼争，而是拼凑、拼合的意思。
   （1）大家现在常听到的"围脖"＿＿＿＿＿＿。
   （2）"晒晒我的收藏宝物"＿＿＿＿＿＿。
   （3）＿＿＿＿＿＿。

3. 用拼客们自己的话讲，这是一种节约、时尚、快乐、共赢的新型生活方式。

（1）孔子说："三人行，必有我师焉。"＿＿＿＿＿＿＿＿＿＿。

（2）这些都是简单的网络游戏，＿＿＿＿＿＿＿＿＿＿。

（3）＿＿＿＿＿＿＿＿＿＿＿＿＿＿＿＿＿＿＿＿＿。

4. 减肥达人：不用说，一定熟悉并尝试过各类减肥方法。

（1）时间到了他还没来，＿＿＿＿＿＿＿＿，＿＿＿＿＿＿。

（2）＿＿＿＿＿＿＿＿＿，＿＿＿＿＿＿＿＿＿＿，肯定也是一位高手。

（3）＿＿＿＿＿＿＿＿＿＿＿＿＿＿＿＿＿＿＿＿＿。

5. "达人"指的是精通某一领域、某一方面的人，也就是专家、行家，比高手还高手。

（1）他的篮球打得太棒了，＿＿＿＿＿＿＿＿＿＿＿＿。

（2）虽然她说自己不是什么追星族，可是她为所有喜欢的歌星制作的专门的网站，＿＿＿＿＿＿＿＿＿＿＿＿＿＿＿＿＿＿＿＿＿＿＿＿。

（3）＿＿＿＿＿＿＿＿＿＿＿＿＿＿＿＿＿＿＿＿＿。

五 交际策略——篇章主题的推进（总分式、分总式）

在语段表达中，围绕一个主题进行说明、陈述，可选择总分式推进主题，先总体概括，后分别具体说明；也可选择分总式推进主题，先逐一列举、陈述，然后再总结概括。这两种方式在"分"时，都常常使用并列复句或排比的手法。

总分式：

1. 据统计，现代汉语中每年大概要出现1000个新词新语。有的是随着新事物、新现象、新观念的出现而产生的，如……；有的是来自外语或汉语方言的，如……；有的是旧词语有了新的用法和含义，如……；还有的是词语衍生和缩略形成的，如……。

2. 不过关于它的来源也有不同的说法，有人说"达人"一词来自日语，还有人说它源自英语的"talent"。

分总式：

3. 他们中有的拼车、拼餐、拼房，还有的拼卡、拼游、拼购，总之，对拼客们来讲，生活中可拼的太多了。

4. 公交太慢，地铁太挤，打车太贵，买车太难，说来说去，还是拼车方便快捷、经济实惠，还能节约能源。

试着使用上述方法说一说：

1. 拼客们拼的都是什么
2. 某一款手机的功能
3. 你喜欢的音乐
4. 你常使用的交通工具
5. 目前生活中遇到的问题

六　表达训练——强调特长、能力

读一读，想一想：

- 在这方面非常专业，比高手还高手。
- 游戏中的所有难关都不在话下。
- 爱吃、会吃，厨艺没的说。
- 周围的餐厅、饭店没有他不知道的。
- 想知道时下最流行什么、什么最时髦，问他准没错。
- 爱情专家的称号非他莫属。

你认为上面这几句话强调了什么内容？要用什么语气说这几句话？

试一试，说一说：

1. 某人对打折信息非常了解。
2. 某人开车技术一流。
3. 你的朋友能帮你解决各种问题。
4. 一位司机熟悉这个城市的所有街道。
5. 你的朋友对足球很着迷。
6. 一个人总是遇到各种麻烦事。

这些句子都是在强调某人的特长或能力，可以用来夸奖某人，略带有夸张的语气。有时也可以含有讽刺的意味。"比A还A"，A应该是公认的在某方面很有特点的人或物；"××不在话下"，×× 应该是一些困难或难题；"××没的说""××，没有他不知道的""××问他/找他准没错"，×× 为某一方面的事情或内容。

七、完成任务

搜集整理一些新词新语，与大家交流，并用这些词语共同完成最佳例句。

新词新语	最佳例句
•	•
•	•
•	•
•	•
•	•
•	•

八、小组讨论

1. 搜集一些新词新语，解释它们的含义。
2. 选择一两个新词新语，谈一谈它们反映了什么文化现象。
3. 就新词新语与流行文化的关系，谈一谈你的看法。

延伸学习 课文链接

如果说，最初"宅男宅女"这样的称呼还稍微有些贬义、有些消极的话，那么现在他们已经被越来越多的人接受了，"宅"已经成为一种新的生活方式。

链接一　宅男宅女

你听说过"团购"吗？团购实际上就是团体购买的简称和缩略形式，现在最普遍的是通过网络团购。

链接二　团购

我的收获

- 常用词语 _____

- 表达方式 _____

- 精彩观点 _____

- 文化异同 _____

8 爱美之心，人皆有之

学习表达

▶ 一、……。至于……，……

1. 在众多的被访者当中，有高达55%的人正在进行健美瘦身。至于采用哪种方式健美瘦身，有43.4%的被访者表示常在健身房或体育中心进行运动。
2. 我们对服用这种药物的人数进行了统计。至于他们服用的效果，还需要我们继续跟踪调查研究。
3. 调查显示，该厂家新型汽车的销售量下降了40%。至于竞争对手的销售情况，同样也不乐观。这在某种程度上说明了金融危机对整个汽车市场的影响。

▶ 二、……，由此可见，……

1. 有43.4%的被访者表示常在健身房或体育中心进行运动；有37.1%的人选择限制或规范饮食；……，另有4.3%选择了其他方式。由此可见，运动仍是大家选择最多的健美瘦身方式。
2. 根据调查，面试官通常在见你第一面的30秒内就会决定是否要你，由此可见，给人的第一印象非常重要。
3. 银行数据显示，居民储蓄存款这几年持续大幅度下降，由此可见人们的理财习惯已经出现了重大变化，储蓄已不再是居民理财的首选。

▶ 三、……，(要)不然的话，……

1. 一定得再减几斤，要不然的话，迷你裙、比基尼都得说再见了。
2. 减肥也要谨慎对待，不然的话，盲目减肥对健康造成的危害，也许会比不减肥大得多。
3. 一定要尽快控制火势，要不然的话，后果不堪设想。

▶ 四、必须得……，否则……

1. 必须得减，否则下雨都不能跟女朋友打一把雨伞。
2. 必须得保证产品的质量，否则你将会失去所有的客户。
3. 必须得想方设法解决停车难问题，否则这里的车道都要变成停车场了。

热身　最省钱的瘦身方法　8-1

不知道你有没有尝试过减肥或健身，是否也跟很多人一样，在这方面或有关产品上花费了不少？其实，何必去大把大把地花钱呢？也不一定非得去健身中心，不妨看看这里的建议。这些都是随时可以做的健身运动，既经济又能达到瘦身的目的。当然，不管用哪种方法，千万不能"三天打鱼，两天晒网"。

- 步行——这大概是最简便、最经济的健身方法了，每星期最少3次，每次连续步行20分钟。
- 爬楼梯——有人计算，爬楼梯10分钟要消耗120千卡热量。怎么样，上课、上班、回家时，别再坐电梯了，还是爬爬楼梯吧，你会收到意想不到的效果。
- 骑自行车——自行车是很普通的代步工具，也是一种很好的健身工具。每星期3—4次，每次持续半小时，能让你的身体得到足够的锻炼，并且平均每分钟消耗10卡的热量。
- 早晨体操——早上起来，做大约20分钟体操，不但能达到健身的效果，还能让你更有精神去面对一天的工作和学习。
- 跳绳——它并非只适合儿童，运动员也用这种方法来锻炼身体。跳绳还省钱，你需要的只是一根绳子。

- 利用免费的公共设施——现在的小区或公园里,基本都有公共的健身设施,好好利用它们,一样可以达到健身的效果。
- 做家务——这是最有效的减肥方法之一,扫地、擦地、吸尘、熨衣服、擦玻璃,既帮你消耗了多余的热量,又收拾了房间,一举两得。

词语提示

1	三天打鱼,两天晒网	sāntiān-dǎyú, liǎngtiān-shàiwǎng	成	比喻学习或做事缺乏恒心,时常中断,不能坚持。
2	跳绳	tiàoshéng	动	一种体育活动或游戏,rope skipping。
3	设施	shèshī	名	为某种需要而建立的机构、系统、组织、建筑、设备等。
4	扫地	sǎo//dì	动	用笤帚、扫帚清除地上的脏东西。
5	吸尘	xī//chén	动	用吸尘器清扫灰尘、脏东西。
6	一举两得	yìjǔ-liǎngdé	成	做一件事,得到两种收获。

课文一 爱美之心,人皆有之

随着生活水平的提高和生活节奏的改变,不少人的身体状况逐渐开始走下坡路,"三高[1]"人群、肥胖人群也逐渐增加,健美瘦身成了人们讨论

---

[1] 三高:高血压、高血糖和高血脂。

的热门话题，瑜伽[2]、晨练、健身房成了人们常挂在嘴边的词语。如果你不知道有氧运动[3]，不知道普拉提[4]、街舞[5]，没有私人教练，那你就落伍了。而肥胖，不仅严重危害人们的身体健康，还极大地破坏了个人的美好形象，所以成了大家的"头号公敌"。

有网站曾经做过一项调查，在众多的被访者当中，有7成的被访者对健美瘦身感兴趣，而且有高达55%的人正在进行健美瘦身。其中，女性比例稍高于男性。如此看来，真的是"爱美之心，人皆有之"。至于采用哪种方式健美瘦身，有43.4%的被访者表示常在健身房或体育中心进行运动；有37.1%的人选择限制或规范饮食；选择使用减肥瘦身食品的为8.1%；而选择服用减肥瘦身药物、减肥瘦身饮料的分别为5.2%和1.9%；另有4.3%选择了其他方式，如手术、中医等。由此可见，运动仍是大家选择最多的健美瘦身方式。

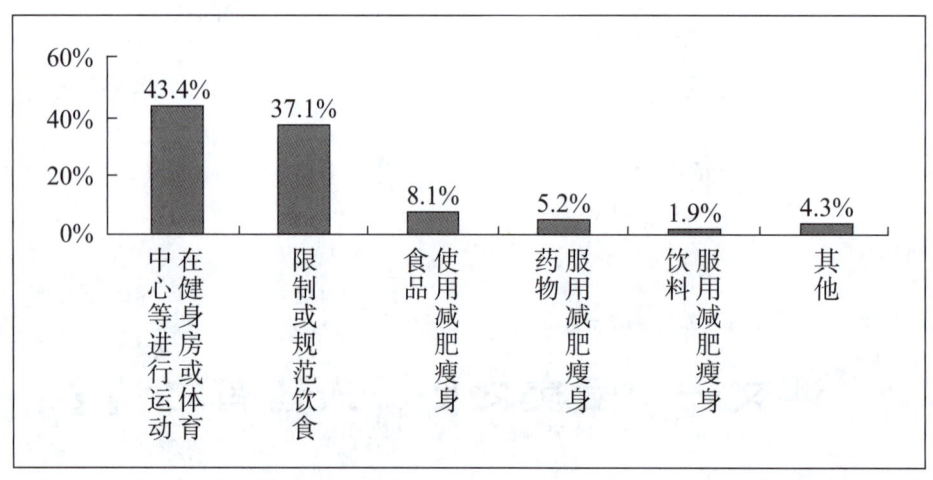

---

2 瑜伽：yoga，印度传统健身术。
3 有氧运动：aerobic exercise。
4 普拉提：Pilates。
5 街舞：street dance。

第 8 课　爱美之心，人皆有之

词语提示 🎧 8-4

1	皆	jiē	副	都，都是。
2	瘦身	shòu//shēn	动	降低体重。
3	落伍	luò//wǔ	动	比喻人或事物跟不上时代。
4	头号	tóuhào	形	在地位、重要性、影响方面为第一位的。
5	公敌	gōngdí	名	共同的敌人。
6	众多	zhòngduō	形	很多。
7	饮食	yǐnshí	名	指吃东西和喝东西。
8	服用	fúyòng	动	吃（药）。

边学边练

头号　　瘦身　　健身房　　至于　　服用　　落伍　　走下坡路

1. ＿＿＿＿＿＿不仅是为了外形美，也是对健康的追求。

2. 随着人们对健康的重视，各式各样的＿＿＿＿＿＿应运而生。

3. 如果不随时更新技术，我们的产品很快就会＿＿＿＿＿＿，最终将被淘汰。

4. 他可是赛场上的＿＿＿＿＿＿球星，拥有众多的粉丝。

5. 这种药在饭前＿＿＿＿＿＿效果更好。

6. 最近的产品质量一直在＿＿＿＿＿＿，这个问题非常严重。

7. 产品的设计方案已经公布，＿＿＿＿＿＿产品什么时候能够上市，还是个未知数。

95

课文二　减肥的原因

有人说减肥是为了健康，为了远离各种因肥胖而引起的疾病。而更多的女孩子会告诉你是为了穿好看的衣服，还有男孩子说，是为了自己喜欢的人，他们都是希望让自己变得更美丽、更帅、更自信。不知道是不是每个人都尝试过减肥，但每个减肥的人一定都有自己充足的理由。面对专家"千万不要再盲目减肥了"的提醒，面对家人"你又不胖，何苦折腾自己呢"的劝说，我们来听听他们是怎么说的吧。

- 身材好了，穿什么衣服都漂亮。一定得再减几斤，要不然的话，迷你裙[1]、比基尼[2]都得说再见了。
- 我不喜欢问售货员"有没有特大号的衣服"，但是"这里的衣服都太肥了"却可以理直气壮地说出口。
- 体重超重行动不方便，夏天一走路就出汗。必须得减，否则下雨都不能跟女朋友打一把雨伞。
- 其实胖起来做什么事都不方便，更重要的是，现在社会很现实，以貌取人。当然了，这只是我个人的观点。
- 和那些年轻漂亮的同事一起逛街，再也不会感到自卑了。还可以对去香港、去巴黎的朋友公开自己的三围[3]，好让他们帮忙带衣服回来。
- 让现任男友体面，让过去的男友遗憾。
- 一辈子就结一次婚，婚礼上我要当最美的新娘，穿最美的婚纱。

---

1 **迷你裙**：也叫超短裙。miniskirt。
2 **比基尼**：也叫三点式游泳衣。bikini。
3 **三围**：指人的胸围、腰围和臀围。

第 8 课　爱美之心，人皆有之

词语提示

1	肥胖	féipàng	形	脂肪过多，胖。
2	尝试	chángshì	动	试，试验。
3	何苦	hékǔ	副	何必自寻烦恼，用反问的语气表示不值得。
4	折腾	zhēteng	动	折磨，使在精神上或肉体上受痛苦。
5	劝说	quànshuō	动	用语言劝人，使人听从。
6	理直气壮	lǐzhí-qìzhuàng	成	理由充分，因而说话有气势。
7	以貌取人	yǐmào-qǔrén	成	只根据人的外表来判断人的本质或能力。
8	自卑	zìbēi	形	轻视自己，认为不如别人。
9	体面	tǐmiàn	形	光荣，光彩、荣耀。

边学边练

何苦　　尝试　　以貌取人　　理直气壮　　体面

1. 这些东西都能买到，_____自己花时间去做呢？
2. 他们正在_____新的车辆管理办法，希望可以缓解小区内的交通问题。
3. 挑选员工不能_____，要根据他们的实际能力来决定。
4. 公务员算得上是一份既稳定又_____的工作吗？
5. 成立了代驾公司，现在他可以_____地为自己做广告了。

课堂活动与任务

一、词语积累

健身：_____　　_____　　_____

超重：_____　　_____　　_____

自卑：_____　　_____　　_____

省钱：_____　　_____　　_____

二、选择词语，灵活运用

> 瘦身　　效果　　何必　　如此看来　　三天打鱼，两天晒网
> 至于　　千万　　不妨　　挂在嘴边　　一举两得　　要不然的话

1. 要想了解到底都是哪些人在拼命减肥，_____到各个健身中心去走一走、看一看。

2. 消防员已经扑灭大火，_____还要进一步调查。

3. 咱们动作得快点儿了，_____，电影就看不上开头儿了。

4. 新版教材经过_____好用多了，原来厚厚的一大本根本用不完。

5. 拼客们有的拼车，有的拼房，还有的拼卡，_____，生活中可拼的东西可太多了。

6. 爬楼梯、走路都能很好地达到锻炼身体的目的，_____呢?

7. 好几个大夫都嘱咐我，_____熬夜了。

8. 年轻人不仅在网上频繁地使用网络语言，生活中也常把这些词语_____。

9. 贵在坚持，做什么事都_____。

10. 这样的投资既方便了大众，又宣传了企业，真是_____的好事。

11. 这药吃了一个月,头发还是一直掉,看来_____。

三、参考所给词语,结合课文内容说一说

1. 根据热身课文,说说瘦身都有哪些方法。
   (何必 不妨 别再……了 还是……吧 一举两得)

2. 根据课文一,说说人们对健康和瘦身的看法。
   (走下坡路 热门 挂在嘴边 落伍 头号)

3. 根据课文一,说说调查的情况和结论。
   (瘦身 爱美之心,人皆有之 如此看来 由此可见)

4. 根据课文二,专家是怎么劝说那些减肥的人的?(何苦 何必 千万)

5. 根据课文二,说说人们减肥的原因。
   (要不然的话 否则 要是不……就别想……)

四、举一反三

1. **别再**坐电梯**了**,**还是**爬爬楼梯**吧**。
   (1)别再考虑来考虑去了,_____。
   (2)_____,还是请个高手吧。
   (3)_____。

2. 在众多的被访者当中,有高达55%的人正在进行健美瘦身。**至于**采用哪种方式健美瘦身,有43.4%的被访者表示常在健身房或体育中心进行运动,有37.1%的人选择限制饮食。
   (1)我们了解到有不少人在使用我们的产品,_____,_____。

（2）_____，_____，还需要更深入的调查和研究。

（3）_____。

3. 有 43.4% 的被访者表示常在健身房或体育中心进行运动；有 37.1% 的人选择限制饮食；……另有 4.3% 选择了其他方式。由此可见，运动仍是大家选择最多的健美瘦身方式。

（1）在国外生活期间，60% 的男生体重有所下降，而 70% 的女生体重有所增加，_____，_____。

（2）_____，_____，减肥方式是因人而异的。

（3）_____。

4. 一定得再减几斤，要不然的话，迷你裙、比基尼都得说再见了。

（1）千万记得提前通知一下，_____，_____。

（2）_____，_____，我们就再也没有机会了。

（3）_____。

5. 必须得减，否则下雨都不能跟女朋友打一把雨伞。

（1）必须得按时完成，_____。

（2）_____，否则连面试的机会都不会有。

（3）_____。

五　交际策略——推断与结论

在调查报告中常会先用数字说明具体情况，然后再推断出调查结论，这时常常会用到"……，由此可见……""……，如此看来……""……，由此可以看出，……"，除此之外，还有"从调查中可以看出，……""……，这说明……"等。

1. 在众多的被访者当中，有 7 成的被访者对健美瘦身感兴趣，而且有高达 55% 的人正在进行健美瘦身。如此看来，真的是"爱美之心，人皆有之"。

2. 有 43.4% 的被访者表示常在健身房或体育中心进行运动；有 37.1% 的人选择限制或规范饮食；选择使用减肥或瘦身食品的为 8.1%；而选择服用减肥瘦身药物、减肥瘦身饮料的分别为 5.2% 和 1.9%；另有 4.3% 选择了其他方式，如手术、中医等。由此可见，运动仍是大家选择最多的健美瘦身方式。

3. 在调查中，只有7%的人表示曾经尝试过，由此看来，人们有这样的愿望，但是真正采取行动的却极少。

先做一下调查，然后得出你的结论：

1. 市民目前的居住情况
2. 人们常采用的健身方式
3. 人们认为最好的减肥方式
4. 大家对名牌服装的态度
5. 大家使用的电子产品的品牌

六 表达训练——提醒、劝说或警告

读一读，想一想：

- 千万不要再盲目减肥了。
- 你又不胖，何苦折腾自己呢？
- 一定得再减几斤，要不然的话，迷你裙、比基尼都得说再见了。
- 必须得减，否则下雨都不能跟女朋友打一把雨伞。
- 何必去大把大把地花钱呢？不妨看看这里的建议。
- 不管用哪种方法，千万不能"三天打鱼，两天晒网"。
- 上课、上班、回家时，别再坐电梯了，还是爬爬楼梯吧。

当我们认为对方的行为有不当、不妥或错误的时候，我们会进行提醒、劝告或警告。表达这种意思时，句子可以比较简练，如"何苦呢？""何必（……）呢？"，提醒对方不必如此；也可以直接提出劝告或阻止，如"我劝你……""不能再……了""别再……了""千万不要/别……""最好别……""最好少……"；还可以更严厉地提出警告，如"必须得……，否则，……""要是……，就别想……"，配以适当的语气，可以清晰地表达你的用意。

你认为上面几句话表达了什么语气？什么时候会使用这样的表达方式呢？

试一试，说一说：

1. 朋友每天都喝很多咖啡。
2. 一个朋友为了减肥已经花了很多很多钱。
3. 一些开车常常超速的人。

4. 两个同屋，因一点儿小问题闹了矛盾。

5. 附近商店就有的东西，他却要到很远的地方去买。

6. 一个人把挣来的钱都用来搞各种发明，却从来没成功过。

七、完成任务

调查人们健身和减肥的原因、目的、方式、效果，并给予提醒、劝说或警告。

健身、减肥调查			
原因、目的	方式	效果	提醒、劝说
•	•	•	•
•	•	•	•
•	•	•	•
•	•	•	•

八、小组讨论

1. 健身的重要性是什么？
2. 一个人的身材到底有多重要？
3. 有效的瘦身减肥方式有哪些？
4. 你如何看待"以貌取人"？

第 8 课 爱美之心，人皆有之

延伸学习　课文链接

其实，胖也好瘦也好，健康才是最重要的，各有各的魅力，不必追求别人眼中的"魔鬼身材"。

链接一　大码模特

对于有些人，特别是女孩子来说，减肥似乎是一个永恒的话题。

链接二　40% 的人想减肥

我的收获

- 常用词语
- 表达方式
- 精彩观点
- 文化异同

9 到底怎样选择，你想好了吗

学习表达

▶ 一、……乃至……

1. 除了历史专业以外，连生物工程，乃至法学专业也面临着较为糟糕的就业形势。
2. 人口密度过高会给城市居住、交通、环保乃至就业等方方面面带来巨大压力。
3. 他的这种做法受到了周围同事、朋友乃至家人的强烈反对。

▶ 二、把……归咎于……

1. 找不到工作的学生会大发牢骚，把所有的过错都归咎于学校专业设置不合理、教学质量差。
2. 他把每一次失败都归咎于自己的运气不好。
3. 不要把产品滞销归咎于消费者不识货，咱们应该从自己身上找找原因。

▶ 三、……，更有甚者，……

1. 找不到工作的学生会大发牢骚，把所有的过错都归咎于学校专业设置不合理、教学质量差或者是公司企业过于强调工作经验，更有甚者，指责毕业生人数太多给他们带来了空前的就业压力。
2. 这场球赛的门票真是一票难求，不少球迷出高价抢票，更有甚者，球赛都开始了，有的球迷还在球场门口等高价票。

▶ 四、……，未免……

1. 只是单方面让大学生降低对工作岗位报酬的期望值，未免有点儿不近情理。

2. 你在他朋友面前这样批评他，未免太过分了。

3. 他们在预赛中就被淘汰了，这未免有些让人失望。

▶ 五、虽说……，但……

1. 虽说工作岗位没有贵贱之分，但从人力资源角度来讲，也还是有简单与复杂、技能知识要求的高与低之分吧。

2. 虽说天气在逐渐转暖，但离春暖花开还有一段时间。

3. 虽说他们的产品有了一定的知名度，但是要进入国际市场还需要好好策划。

热身　二十个职场小问题 🎧 9-1

年轻人如何面对成长、步入社会，特别是如何在职场获得成功、实现自我价值，这往往需要过来人的点拨和指导。有一位社会活动家曾给大学生和年轻人提出了这样20个问题。花点儿工夫，动动脑筋，看你会给出怎样的答案。

（1）对新单位你会说"我们公司"，还是会说"公司"，还是说"你们公司"？

（2）进公司怎么称呼你们的老总？

（3）第一天上班应该穿什么服装？

（4）在新人介绍会上，你会怎么介绍自己？

（5）你会主动与老同事搭话，还是等他们主动与你打招呼？

（6）作为新同事，你对办公室里有人不讲卫生、走时不关电灯等现象会如何反应？

（7）起草文件的基本格式你知道吗？

（8）文件的订书钉[1]应该钉在什么位置？

（9）你有自己的笔记本电脑，上班的时候可以用自己的电脑吗？

（10）领导让你把今天的谈话写个纪要[2]，你知道怎么写吗？

（11）二十个单位报来情况，要列个表让领导一目了然，你知道怎么列吗？

（12）领导让你订个餐馆，你知道本地有多少个合适的餐馆吗？

（13）在其他人面前发言时，如何形成自己的表达特点，你考虑过吗？

（14）开个小工作会，你会做五分钟小结吗？

（15）不喜欢领导的一些做法，你如何与领导沟通？

（16）领导长得很胖，你怎么描述他的体形？

（17）对同事的做法不满意，你如何向领导反映？

（18）你如何向领导毛遂自荐？

（19）你如何向领导询问自己的奖金和待遇？

（20）在一个薪水和报酬不公开的单位，有同事想和你交流这方面信息，你怎么应对？

（编选自袁岳《黑苹果》，有删改）

词语提示 9-2

1	职场	zhíchǎng	名	工作、任职的场所。
2	过来人	guòláirén	名	对某事有过亲身经历和体验的人。
3	点拨	diǎnbō	动	指点。
4	搭话	dā//huà	动	搭腔，交谈。

---

1 订书钉（dìngshūdīng）：staple。
2 纪要（jìyào）：记录要点的文字。

第 9 课　到底怎样选择，你想好了吗

5	起草	qǐ//cǎo	动	写出草稿。
6	格式	géshì	名	一定的规格式样。
7	一目了然	yímù-liǎorán	成	一眼就能看清楚。
8	沟通	gōutōng	动	指交流彼此的意见。
9	毛遂自荐	máosuì-zìjiàn	成	比喻自己推荐自己。
10	应对	yìngduì	动	采取措施、对策应付出现的情况。

课文一　到底谁的错 🎧 9-3

　　世界这么大，每年我们都会在这儿或那儿的媒体上，看到关于大学毕业生就业形势严峻的报道，如若发生了席卷全球[1]的金融危机，大学生求职就更是雪上加霜。中国也不例外。随着大学毕业生人数越来越多，就业压力大也成了老话题。除了历来在就业上就不被看好的历史专业以外，连生物工程，乃至法学专业也面临着较为糟糕的就业形势。找不到工作的学生会大发牢骚，把所有的过错都归咎于学校专业设置不合理、教学质量差，或者是公司企业过于强调工作经验，更有甚者，指责毕业生人数太多给他们带来了空前的就业压力。面对毕业生的牢骚，不少公司的负责人也在抱怨，他们每年都举办

1　席卷全球（xíjuǎn quánqiú）：形容全世界都被卷入其中，受到影响。

校园招聘会，结果却常常空手而归。

急于工作的人找不到工作，招工的人却招不到员工。一毕业就失业的大学生没有工作到底是谁的错？

词语提示

1	雪上加霜	xuěshàng-jiāshuāng	成	比喻一再遭受灾难，损失愈加严重。
2	乃至	nǎizhì	连	甚至。
3	归咎	guījiù	动	归罪。
4	过于	guòyú	副	表示程度或数量过分，太。
5	更有甚者	gèng yǒu shèn zhě		形容程度更深，更过分。

边学边练

牢骚　　乃至　　过于　　归咎于　　更有甚者　　空手而归　　雪上加霜

1. 球队的失败给队员、教练，_____他们的球迷，都带来了沉重的打击。

2. 光在这里发_____有什么用，还是先想想有什么解决的办法吧。

3. 他在选择工作时_____看重工资的高低，因此失去了不少机会。

4. 不能把过错都_____孩子，家长也要承担一部分责任。

5. 朋友们都大包小包买了不少，只有他一个人_____。

6. 连日的暴雨对刚刚经历了一场地震的灾区来说，无疑是_____。

7. 这些年轻人每个月的消费动不动就是几千块，_____，有的甚至过万，远远超过了他们的收入水平。

课文二　人的想法，各不相同 🎧 9-5

　　人的想法，本就各不相同，正要步入社会的年轻人更是如此。他们有的对生活充满渴望，有的心中抱有幻想，有的一心一意要出人头地、做出一番事业，也有的觉得该过过舒心日子了。他们就像春天百花园中的花朵，青春灿烂，多姿多彩。对于大学生就业的问题，下面列举了几种大不相同又各具代表性的观点。

- 俗话说，"人往高处走，水往低处流"，我对就业还是抱着很高的期望值的，知名的公司、丰厚的薪水、体面的岗位，我觉得无可非议。大家不妨设身处地为我们和家长想一想。辛辛苦苦读了十几年书，父母好不容易把我们供出来，谁不想找到好的工作、有好的待遇，这才对得起多年的苦读和家庭的投入。如果根本不考虑读书的高成本，只是单方面让大学生降低对工作岗位报酬的期望值，未免有点儿不近情理。虽说工作岗位没有贵贱之分，但从人力资源角度来讲，也还是有简单与复杂、技能知识要求的高与低之分吧。更何况我一直挺优秀的，我不希望自己大材小用。

- 我最青睐的是"新兴职业"。既然是新兴职业，就必然会前景广阔。具体来讲，我特别看好的是中医康复。在中国，两千多年以前，中医理论就已经基本形成，之后历代都有总结和发展。时至今日，中医还是一座有待于我们努力挖掘，将其成果奉献给人类的宝库。今天，越来越多的国家已经步入老龄化社会，中国也是如此。我想只要我持之以恒，日日积累，就能将我所学奉献给社会，我也会从中得到快乐。还有呢，既然是新兴职业，收入也会是让人羡慕的吧。

- 我想当老师，虽然这个岗位开始工资不会很高，但是随着教龄增长，工资也会跟着涨，每年还有寒暑假。除了教师以外，公务员、国企单位也不错，算是"铁饭碗"了吧，工作稳定，只要好好干，就可以一辈子衣食无忧。

• 要我看，"三百六十行，行行出状元"，我们追求的不该只有收入，还要为长远考虑，面对一份自己不喜欢的工作，恐怕也不会坚持到最后。所以倒不如选择自己喜欢的，做自己喜欢做的事情，心情好，身体健康，比什么都强。

词语提示

1	出人头地	chūréntóudì	成	超出一般人，高人一等。
2	多姿多彩	duōzī-duōcǎi	成	形容颜色形态多种多样，常用于指丰富多彩。
3	期望值	qīwàngzhí	名	对人或事物所抱希望的程度。
4	丰厚	fēnghòu	形	数量多，价值高。
5	薪水	xīnshui	名	工资。
6	无可非议	wúkěfēiyì	成	没有什么可以指责的，表示言行合乎情理。
7	设身处地	shèshēn-chǔdì	成	设想自己处在别人的地位或境遇中。
8	未免	wèimiǎn	副	不能不说是（表示不以为然）。
9	大材小用	dàcái-xiǎoyòng	成	大的材料用在小处。多指人事安排上不恰当，屈才。
10	持之以恒	chízhī-yǐhéng	成	长久地坚持下去。

第 9 课　到底怎样选择，你想好了吗

边学边练

未免　　虽说　　薪水　　青睐　　大材小用　　持之以恒　　多姿多彩

1. 这份工作虽然很辛苦，可是 _____ 不低，他打算递份简历试试运气。
2. _____ 我已经做了充分的准备，也不敢保证就一定能成功。
3. 空气清新的郊外赢得了越来越多年轻人的 _____。
4. 这个工作对你来说太简单了，这不是 _____ 嘛！
5. 要想取得成功，除了要有目标以外，还要 _____。
6. 他其实也没有什么错，你这样对待他 _____ 太不尊重人了。
7. 春天百花齐放，公园里 _____ 的景象吸引了许多游客。

课堂活动与任务

一、词语积累

老话题：_____　_____　_____

发牢骚：_____　_____　_____

高成本：_____　_____　_____

期望值：_____　_____　_____

二、选择词语，灵活运用

| 过来人 | 脑筋 | 面临 | 糟糕 | 一心一意 |
| 强调 | 未免 | 情理 | 丰厚 | 一目了然 |

1. 这次活动的奖品 _____，吸引了 1 万多人报名。

2. 大家＿＿＿＿＿＿＿＿＿＿，难题就能解决。

3. 学完汉语干什么？我又一次＿＿＿＿＿＿＿＿＿＿就业问题。

4. ＿＿＿＿＿＿＿＿＿＿，我的护照怎么找不着了，你看见了吗？

5. 医生＿＿＿＿＿＿＿＿＿＿，如果我继续在电脑前面一坐就是一天，我的颈椎问题会越来越严重。

6. 把错都归咎于服务员，＿＿＿＿＿＿＿＿＿＿太冤枉他们了。

7. 他在我们班是读书最刻苦的，因为他＿＿＿＿＿＿＿＿＿＿医学院。

8. 这个电视剧开头还不错，后面的情节越来越＿＿＿＿＿＿＿＿＿＿。

9. 这几个月的销售量用柱形图一展示，哪个月多哪个月少，＿＿＿＿＿＿＿＿＿＿。

10. ＿＿＿＿＿＿＿＿＿＿，我可知道在那种情况下的压力有多大。

三 参考所给词语，结合课文内容说一说

1. 试着回答热身课文中的20个问题。

（职场　起草　格式　搭话　一目了然　毛遂自荐　应对）

2. 根据课文一，说说大学毕业生的就业形势。

（严峻　如若　雪上加霜　例外　乃至　糟糕）

3. 根据课文一，说说学生和公司对就业难各有什么看法。

（发牢骚　把……归咎于　过于　更有甚者　空手而归）

4. 根据课文二，说说大学生希望找到更好的工作的理由。

（人往高处走，水往低处流　期望值　无可非议　未免　大材小用）

5. 根据课文二，说说青睐"新兴职业"的人是怎么想的。

（前景广阔　特别看好　两千多年以前　时至今日　持之以恒　奉献）

6. 根据课文二，说说看好"铁饭碗"和"三百六十行，行行出状元"的道理。

（教师、公务员、国企　衣食无忧　长远考虑　面对……，倒不如……）

四　举一反三

1. 除了历史专业以外，连生物工程，乃至法学专业也面临着较为糟糕的就业形势。

（1）这次涨价涉及汽车、家用电器，_____。

（2）_____，_____都非常关注事情的进展情况。

（3）_____。

2. 找不到工作的学生会大发牢骚，把所有的过错都归咎于学校专业设置不合理、教学质量差。

（1）有些人把交通拥堵的原因_____。

（2）_____归咎于粗心大意。

（3）_____。

3. 找不到工作的学生把所有的过错都归咎于学校专业设置不合理，更有甚者，指责毕业生人数太多给他们带来了空前的就业压力。

（1）电视上每个节目前都有不少广告，_____，_____。

（2）_____，_____，有些走上了犯罪的道路。

（3）_____。

4. 只是单方面让大学生降低对工作岗位报酬的期望值，未免有点儿不近情理。

（1）最著名的几位选手都被淘汰了，_____。

（2）_____，你的期望值未免太高了。

（3）_____。

5. **虽说**工作岗位没有贵贱之分，**但**从人力资源角度来讲，也还是有简单与复杂、技能知识要求的高与低之分吧。

（1）虽说他们表面上都没有反对，_____。

（2）_____，但也应该勇敢地尝试一下。

（3）_____。

五 交际策略——成语的运用

汉语中的成语言简意赅，表现力丰富，能够运用于各种语体。掌握一些成语并准确地理解和运用，对提高语言表达的效果有着重要的作用。恰当地使用成语，常常可以收到事半功倍的效果，起到画龙点睛的作用。但在使用时，要充分注意语境，弄懂成语的意义，弄清成语的风格色彩，如：成语有褒义的，有贬义的，感情色彩非常鲜明；还有书面风格和口语风格等。

1. 如若发生了席卷全球的金融危机，大学毕业生求职就更是雪上加霜。

2. 他们每年都举办校园招聘会，结果却常常空手而归。

3. 他们有的对生活充满渴望，有的心中抱有幻想，有的一心一意要出人头地，做出一番事业。

4. 他们就像春天百花园中的花朵，青春灿烂，多姿多彩。

5. 俗话说，"人往高处走，水往低处流"，我对就业还是抱着很高的期望值的，我觉得无可非议。

6. 更何况我一直挺优秀的，我不希望自己大材小用。

找出本课中或以前学过的成语，试着用一用：

1. 雪上加霜　　2. 空手而归　　3. 一心一意　　4. 出人头地
5. 多姿多彩　　6. 无可非议　　7. 大材小用　　8. 衣食无忧
9. 锦上添花　　10. 绞尽脑汁

六 表达训练——批评

读一读，想一想：

- 学校专业设置不合理，教学质量差。
- 公司过于强调工作经验。
- 这样未免有点儿不近情理。

你认为上面几句话表达了什么意思？什么时候会使用这样的表达方式？

对一些错误的行为或做法提出批评，可以直接指出"你这样做是不对的""……是错误的"，也可以说"……不合理""……差""……过于……""你怎么能……呢"，除此之外，还可以提出自己的看法，如"……未免有点儿……""……未免太……了""……无疑是/显然是＋不合理的/错误的"，或直接提出要求，"你要改掉……毛病/缺点"。

试一试，说一说：

1. 花钱大手大脚。
2. 浪费东西（水、粮食等）。
3. 说话不算数。
4. 约会总是无缘无故迟到很长时间。
5. 不与团队商量，随便做出决定。
6. 听不进别人的不同意见，而且大发脾气。

七 完成任务

1. 社会调查：大学生的就业意向。

最想进入的行业	选择就业单位的标准	已经做的准备	你认为这些选择存在的问题
•	•	•	•
•	•	•	•
•	•	•	•
•	•	•	•

2. 社会调查：大学生就业难的原因有哪些？

社会原因	学生自身原因
●	●
●	●
●	●
●	●

八 小组讨论

1. 什么是理想的职业？你的理想职业是什么？
2. 大学生应该为求职和就业做哪些准备？
3. 如何看待用人单位对工作经验的要求？
4. 大学生就业难，更多是自身原因还是社会原因？
5. 大学应该教什么？学生在大学应该学什么？

延伸学习　课文链接

在德国，普通教育和职业教育是并行的两个教育体系，两个体系相对独立。

链接一　就业难引发对高等教育的反思

在日本、美国、以色列，人们对事业的选择可以说是萝卜白菜，各有所爱。当然，不管怎样选择，都有其必然，也有其道理。

链接二　没有最好，只有最爱

第 9 课　到底怎样选择，你想好了吗

我的收获

- 常用词语

- 表达方式

- 精彩观点

- 文化异同

10 低碳素食

学习表达

▶ 一、……，（但）与此同时……

1. 一次性用品给人们带来了方便，但与此同时也增加了垃圾的数量。
2. 网络给人们的生活增添了丰富的内容，但与此同时，网络安全隐患也逐渐显现出来。
3. 地球上的森林面积每年都在迅速减少，与此同时，生活在森林中的动植物也在以惊人的速度灭绝。

▶ 二、不仅……，也……，同时还……

1. 过度包装不仅造成了巨大的浪费，也加重了消费者的经济负担，同时还增加了垃圾量，污染了环境。
2. 这次展览不仅向海外观众介绍了我们的现实生活，也让他们了解了我们的文化，同时还掀起了一股"中国热"。
3. 从事儿童公益工作，不仅要求你有一颗爱心，也要求你投入大量的时间，同时还要求你有必要的相关知识。

▶ 三、不单……，更……

1. 这种过度包装不单在药品中常见，在营养品销售中更是屡见不鲜。
2. 我们敬佩这位医生，不单是因为他医术高，更因为他重视每一位病人、珍惜每一条生命。
3. 环境问题不单是某一个国家、某一个地区的问题，更是整个世界的问题。

▶ 四、……，想必……

1. 日本的生活用品价格一般要比我们国内贵出几倍，但是纸巾之类的日用纸品价格却和国内接近，想必就有资源回收的功劳。
2. 他带了这么多资料出席会议，想必是事前做了充分的准备。
3. 如果世界各国能全力合作，低碳减排的效果想必会更好一些。

▶ 五、不光……，还/也……

1. 低碳素食不光能够消除无数动物的痛苦，免除因肉食带来的种种疾病，还可以缓解能源危机、粮食危机、环境污染和全球变暖问题。
2. 要想做成这件事，不光要有决心，还要有切实可行的计划和具体的行动。
3. 成为万众瞩目的明星，这不光给他带来了荣誉，也给他带来了烦恼。

热身　你有环保意识吗？ 🎧 10-1

　　环保和低碳的话题已深入人心。随着人们环保意识的不断提高，以往日常生活中一些习以为常的事物，已经不再符合今天的环保要求了。比如说，一次性用品给人们带来了方便，但与此同时也增加了垃圾的数量；城市机动车数量的增加，是工业化的标志之一，可是尾气污染也越来越严重地威胁着居民的身体健康。面对这类观念转换中的诸多问题，也许你能理解，但是你又执行了多少呢？不妨先完成下面的题目，为你的环保意识打打分吧。

■ 节电

① 记得关掉家用电器的电源开关。
② 把空调调到合适的温度，不要过高或过低。
③ 减少私家车的出行时间，尽量乘坐公共交通工具。
④ 改用节能型照明灯。

⑤使用太阳能。

- **垃圾处理**

⑥购物有计划，不买"半年闲"。

⑦注意保存塑料袋、纸袋，循环使用。

⑧用过的纸、本等翻用另一面。

⑨把报纸、杂志等印刷品送去回收站。

⑩买厕所卫生纸时选再生纸制品。

- **节水**

⑪洗衣服时适量使用肥皂，不用合成洗涤剂[1]。

⑫洗脸、刷牙、洗碗时不用长流水。

⑬卫生间、厨房的水龙头更换为节水型的水龙头。

⑭把用过的洗澡水存起来，用来擦地、冲厕所。

⑮收集夏天的雨水及空调的排水，作为防火用水存起来。

以上三种类型每种5道题，每道题满分10分。经常能做到的可得10分，有时能做到的得5分，根本做不到的得0分。你的成绩如何？20～30分的成绩说明你在该类型的问题中基本做到了善待环境，超过40分可评上这一类型的环保模范。而总分进入140～150分这一范围就堪称环保明星了。这些身边的环保课题，在一些人眼里也许不屑一顾，可是，如果我们每个人都能从一点一滴做起，真正的低碳城市、绿色地球就离我们不远了。

（根据网易《测测你是不是环保明星》改写）

---

1 **洗涤剂**（xǐdíjì）：洗涤用品，一般用化学合成方法制成，有去污作用。detergent。

词语提示 🎧 10-2

1	低碳	dītàn	形	温室气体（二氧化碳为主）排放量较低的。
2	尾气	wěiqì	名	机动车辆和其他设备排出的废气。
3	诸多	zhūduō	形	许多（用于抽象事物）。
4	电源	diànyuán	名	向电子设备提供电能的装置。
5	节能	jiénéng	动	节约能源。
6	型	xíng	后缀	类型。
7	回收	huíshōu	动	把物品（多指废品或旧货）收回利用。
8	再生	zàishēng	动	对某种废品加工，使恢复原有性能成为新的产品。
9	善待	shàndài	动	友善地对待，好好对待。
10	不屑一顾	búxiè-yígù	成	形容对某事物看不起，认为不值得一看，不值得做。
11	一点一滴	yìdiǎn-yìdī	成	形容微小零星。

课文一　垃圾与垃圾回收 🎧 10-3

据说，每人每年丢掉的垃圾超过人体平均重量的五六倍。各城市目前垃圾的产生量大约是十年前的几倍乃至十几倍，其中很大一部分是过度包装造成的。不少商品，特别是化妆品、保健品的包装费用已占到成本的30%～50%。过度包装不仅造成了巨大的浪费，也加重了消费者的经济负担，同时还增加了垃圾量，污染了环境。我是一个已过花甲之年的退休教师，每天要吃一些药。有的药很好，塑料瓶或玻璃瓶装100粒，吃完了瓶子可以回收。而同样是100粒，有的却是大盒套小盒，每一小盒里只装三五粒。这种过度包装不单在药品中常见，在营养品销售中更是屡见不鲜，常常是里三层外三层。建议有关部门专门审查包装是否符合卫生和环保标准。

有一次，看见一位日本同学扔饮料瓶。饮料瓶要扔在专用的分类袋子里，这是我所知道的；但我不知道的是，在扔之前，先要剥掉它外面那层彩色塑料，拿下它的瓶盖，然后才能把透明的瓶身投到专用袋里。也就是说，这三样东西需要分别回收到不同的袋子里，有不同的回收用途。看着这位同学熟练地做着这一切，我猜想他早已经习惯这么做了，就像穿鞋要系鞋带一样自然。

也许你会说这未免太麻烦了，但是就是这一点一滴为每个人带来了好处。日本的生活用品价格一般要比我们国内贵出几倍，但是纸巾之类的日用纸品价格却和国内接近，想必就有资源回收的功劳。纸巾的包装上常常会有这样的广告语：放心使用吧，这是回收的牛奶纸盒做的，不是森林里的大树做的。此外，在日本，每个电车或地铁车站都设有免费公厕，里面还提供免费厕纸，而厕纸包装也经常会印着一行小字：这是用回收的电车车票做的。这样前后呼应着，就让人觉得很麻烦的垃圾分类确实是很有意义的一件事情。

词语提示 🎧 10-4

1	过度	guòdù	形	超过适当的限度。
2	保健	bǎojiàn	动	保护健康。
3	加重	jiāzhòng	动	增加重量，加深程度。
4	屡见不鲜	lǚjiàn-bùxiān	成	见过多次，不觉得新奇。
5	想必	xiǎngbì	副	表示偏于肯定的推断。
6	呼应	hūyìng	动	一呼一应，互相联系或照应。

边学边练

想必　　加重　　里三层外三层　　屡见不鲜

1. 说到这种风俗，_____大家都知道它的来历。
2. 类似的报道在各种媒体中_____。
3. 每天早上人们涌向城市中心上班，肯定会_____公共交通的负担。
4. 他刚刚来到会场，就被记者_____地围在中间。

课文二　你愿意为地球选择低碳素食吗？ 🎧 10-5

　　有人说，吃肉是一件非常不经济、不道德的事情，而且会对自然环境造成严重污染。不吃肉，不仅会带来更清洁的环境，还会带来更健康的身体。这种说法或许有些极端，不知你怎么看？

据联合国粮农组织[1]调查，全球近20%的温室气体源于肉类生产，这比全世界所有交通工具的总排放量还要多。一头牛每年排放的二氧化碳量超过了一辆小汽车，而且，饲养它们也要消耗大量的食物和能源。12磅的麦子[2]可以做出12条面包，供一个人吃一个星期，可是用来喂牛，却只能产出1磅牛肉。每吃掉1千克牛肉，等于消耗了133千克土豆和4万升水。饲养和运输1千克肉所消耗的能量，可以让一个100瓦的电灯连续亮3个星期。

而吃一天素食等于种100棵树。实际上，用植物蛋白[3]取代动物蛋白，我们并没有失去什么，反而会带来巨大的利益。不光能够消除无数动物的痛苦，免除因肉食带来的种种疾病，还可以缓解能源危机、粮食危机、环境污染和全球变暖问题。

素食是最自然的长寿之道，可以降低高血压、糖尿病等疾病的发病概率，还是减肥和美容良药。为了自己的健康，为了保护地球，保护生存环境，从今天开始低碳素食吧！

词语提示 10-6

1	素食	sùshí	动	吃素。
2	温室气体	wēnshì qìtǐ		大气中能引起温室效应的气体，如水蒸气、二氧化碳（CO_2）、大部分制冷剂等。
3	排放	páifàng	动	排出（废气、废水、废渣）。

---

1 联合国粮农组织：United Nation Food and Agriculture Organization。
2 麦子（màizi）：wheat, barley。
3 蛋白（dànbái）：蛋白质 protein。

4	二氧化碳	èryǎnghuàtàn	名	无机化合物，化学式 CO_2。
5	饲养	sìyǎng	动	喂养（动物）。
6	取代	qǔdài	动	排除别人或别的事物而占有其位置。
7	免除	miǎnchú	动	免去，除掉。

边学边练

不光　　取代　　等于　　二氧化碳

1. 这样做_____损害了你个人的利益，也损害了大家的利益。
2. 在网上输入自己乘坐飞机的飞行公里数或者用电度数，就可以直接换算出你的_____排放量。
3. 不少超市都使用环保袋_____塑料袋，以减少环境污染。
4. 别小看空调的使用时间，少开 1 小时空调就_____减少了 0.6 千克碳排放。

课堂活动与任务

一、词语积累

过高：_____　　_____　　_____

太阳能：_____　　_____　　_____

化妆品：_____　　_____　　_____

加重：_____　　_____　　_____

二 选择词语，灵活运用

> 素食　想必　不光　取代　一点一滴　不屑一顾
> 加重　猜想　免除　再生　与此同时　里三层外三层

1. 你在海洋环境监测机构工作，_____你已经注意到这一地区海水污染的问题了。

2. 这项运动_____可以减重，还可以帮你塑造更完美的身材。

3. 他们创造了国内生产总值连年增长的奇迹，但_____，在社会、环境方面也付出了巨大的代价。

4. 对他这个初到北方的人来说，虽说已经_____了，可还是觉得寒冷无比。

5. 我_____大家对"低碳"这一说法并不陌生。

6. 人的知识是_____积累起来的。

7. 学校_____了他的学费、住宿费，还为他申请了奖学金。

8. 交通部门最近出台新政策，_____对超速驾驶和酒后驾车的处罚。

9. 有人说，_____所消耗的资源是肉食者的1/20，如果大家都吃素，我们就能快速有效地改善全球暖化问题。

10. 我认为新能源是不可能_____，石油在21世纪仍然是主要能源。

11. 他对别人的建议_____，还是坚持自己的看法。

12. 太阳能、风能、地热能都是可以_____的能源。

三 参考所给词语，结合课文内容说一说

1. 根据热身课文，人们有哪些观念已经改变了？
   （与此同时　符合　也许　不屑一顾　低碳）

2. 做热身课文的小调查，为你的环保意识打分。
   （电源　节能　太阳能　印刷品　再生　节水　低碳　一点一滴）

3. 课文一中，这位退休教师提出了什么值得注意的问题？

（特别是　不仅……还……，同时也……　加重　不单……更……　屡见不鲜　里三层外三层）

4. 根据课文一，怎么做才能让人觉得垃圾分类是一件有意义的事？

（不仅……还……　猜想　未免　想必　回收　前后呼应）

5. 根据课文二，为什么说素食是低碳的生活方式？

（排放　等于　取代　不光……还）

四、举一反三

1. 一次性用品给人们带来了方便，但与此同时也增加了垃圾的数量。

　　（1）他在外地找到了一份理想的工作，父母为他高兴，但_____。

　　（2）_____，与此同时也对我们提出了更高的要求。

　　（3）_____。

2. 过度包装不仅造成了巨大的浪费，也加重了消费者的经济负担，同时还增加了垃圾量，污染了环境。

　　（1）这不仅是一种传统，_____，_____。

　　（2）_____，_____，同时还起到了宣传的作用。

　　（3）_____。

3. 这种过度包装不单在药品中常见，在营养品销售中更是屡见不鲜。

　　（1）选择商品时不单要考虑价格因素，_____。

　　（2）_____，更想借此机会获得一些工作经验。

　　（3）_____。

4. 日本的生活用品价格一般要比我们国内贵出几倍，但是纸巾之类的日用纸品价格却和国内接近，想必就有资源回收的功劳。

（1）他能到这家企业工作，而且薪水丰厚，_____。

（2）_____，想必会受到大家的青睐。

（3）_____。

5. 低碳素食不光能够消除无数动物的痛苦，免除因肉食带来的种种疾病，还可以缓解能源危机、粮食危机、环境污染和全球变暖问题。

（1）我们不光对大学生的工作意向进行了调查，_____。

（2）_____，也会对我们的身体造成危害。

（3）_____。

五 交际策略——用递进关系复句说明看法

"不仅……，也……，同时还……""不单……，更……"都是递进关系复句。前一分句说出一层意思，后一分句对前一分句的意思加以补充，并且推进了一步，说出更深一层的意思。"不单……，更……"中，有更强调后一分句的意思。这样的递进复句常用在发表观点时的开头或结尾，强调说明个人的看法。类似的递进复句还有"不仅/不但/不单/不光……，而且/并且/也/还/更/甚至……"等。

1. 过度包装不仅造成了巨大的浪费，也加重了消费者的经济负担，同时还增加了垃圾量，污染了环境。

2. 这种过度包装不单在药品中常见，在营养品销售中更是屡见不鲜。

3. 不吃肉，不仅会带来更清洁的环境，还会带来更健康的身体。

4. 低碳素食不光能够消除无数动物的痛苦，免除因肉食带来的种种疾病，还可以缓解能源危机等问题。

试着使用上述方法，说说对下列话题的看法：

1. 过度包装

2. 走路上下班

3. 夏天空调调高1℃

4. 大学生毕业自己创业

5. 代驾服务

六、表达训练——估计

读一读，想一想：

- 面对诸多问题，也许你能理解，但是你又执行了多少呢？
- 我猜想他早已经习惯这么做了，就像穿鞋子要系鞋带一样自然。
- 这些价格却和国内接近，想必就有资源回收的功劳。

"也许""大约""猜想""想必"都可用以表达估计的意思，除此之外，还可以用"看样子""看起来""听口气""说不定""可能""大概"等。

你认为上面几句话表达了什么语气？什么时候会使用这样的表达方式？

试一试，说一说：

1. 你认识的一个新朋友，你好像从来没有见他吃过肉。
2. 约好9点见面，可是他9：30还没到。
3. 面试时太紧张，考官的几个问题都不知道该怎么应对。
4. 近几个月，城市的机动车数量明显增加，空气质量也明显下降。
5. 当问他的意见时，他想了半天后说："如果你们坚持，可以试试。"

七、阅读短文，用指定句式谈谈自己的想法

一家旅馆的浴室里有这样一个牌子：

您知道全世界的旅馆，每天要洗多少条原本可以不洗的毛巾吗？您知道洗这些毛巾会造成怎样的水污染吗？为了保护环境，请您协助：需要更换的毛巾，请放在浴缸内或淋浴处；继续使用的毛巾，请放在毛巾架上。谢谢您的支持！

参考句式：

1. ……，与此同时……
2. 不仅……，也……，同时还……
3. 不单……，更……
4. 从……来讲，……
5. 也许有人会说，……
6. ……是……，但是……

八 完成任务

1. 上网查一查计算碳排放量的公式,算一算你的碳排放量。
2. 调查:你愿意为地球选择低碳素食吗?

愿意的人	愿意的理由
•	•
•	•
•	•
•	•
不愿意的人	不愿意的理由
•	•
•	•
•	•
•	•

九 小组讨论

1. 你了解哪些低碳环保措施?

2. 为了环保,可能会造成商品成本提高,售价随之提高,你愿意接受提高了的价格吗?

3. 为了减少能源浪费和大气污染,你愿意放弃买车吗?

4. 有人认为无论生态环境恶化到什么程度,最终科学都能解决。你怎么看?

5. 发达国家是否应该为它们在工业化进程中累积造成的大气污染"买单"?

第10课 低碳素食

延伸学习　课文链接

"地球一小时"就是为了让全球民众了解到气候变化所带来的威胁，并让人们意识到个人及企业一个小小的举动，会给大家所居住的环境带来怎样的影响。

链接一　地球一小时

"低碳生活"并不是让大家回归原始生活，而是要合理适度地使用能源，有意识地节约能源，减少浪费。

链接二　低碳生活

我的收获

- 常用词语
- 表达方式
- 精彩观点
- 文化异同

11　带什么去旅行

学习表达

▶ 一、A 远没有 / 远比 B……

1. 旅行时，你需要的东西远没有你想象的那么多。
2. 肉食者消耗的能量和他们的碳排放量远比素食者高得多。
3. 如果路程不是很长，骑车上下班远比开车更方便、更省时。

▶ 二、就算 / 即便……，也……

1. 就算你非要在正式场合露面，你也可以临时在当地添置一双新鞋。
2. 这真是个让人头疼的问题，就算是让高手来解决，他们也要花不少工夫。
3. 这个时候，即便让最好的队员上场，恐怕也不能改变比赛结果了。

▶ 三、与其……，不如……

1. 这个时候，与其发脾气抱怨，不如安下心来。
2. 与其让他们听你讲解，不如让他们自己动手试一试。
3. 对于残疾人，与其让企业家为他们捐钱，不如让企业为他们提供一些就业机会。

▶ 四、宁愿 / 宁可……，也（要 / 得）……

1. 我宁愿少带一件外衣，也要带上我的枕头去旅行。
2. 他宁愿放弃现在的经理职位，从普通职员做起，也要到那家公司去。
3. 宁可成本高一些，我们也得使用这种环保的材料。

▶ 五、宁可 / 宁愿……，也不（想 / 要 / 能 / 愿）……

1. 有时候宁可小小地牺牲一下肠胃，也不要把一日三餐都交给高档宾馆。

2. 有的人宁可待在家里，也不愿去做导购或服务员。对这样的事，你怎么看？

3. 他宁愿自己多花上几个小时，甚至几天的时间去解决，也不去麻烦别人。

六、要是……就不至于……

1. 要是当初按原计划走，估计就不至于落到如此地步了。

2. 要是早安排好了住宿，就不至于像现在这样，到处乱跑找旅馆了。

3. 要是多听听别人的建议，就不至于现在这样了。

热身　远没你想象的那么多　11-1

请先回想一下你最近一次远途旅行，出发的时候，你的行李箱里装了多少东西。接着，再回忆一下旅行结束后，你回到家中打开行李箱，却发现自己携带了多少从始至终都没用过的物品。也许有一本你原本想在旅行途中阅读却从未翻开的书，也许有你特地为这次旅行添置的却从未拿出来的衣服和鞋子，甚至还有没吃过的零食。也许你和我一样，此时此刻脑子里会闪出这样的想法："真不该带这么多的东西，下次旅行我一定得少带点儿。"

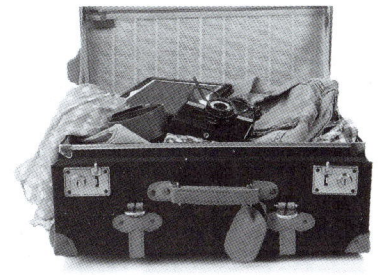

那么现在，就请设想一下，你即将出国旅行数周，你又将为这次旅行准备怎样的行李呢？如果是我，我会给自己列一个清单，包括"必带物品"和"可选物品"两大部分。根据我多年的旅行经验，我想特别提醒你，旅行时，你需要的东西远没有你想象的那么多。

为行李减重或增加行李空间最方便的办法就是在旅行时只带一双鞋。我在最初旅行时，曾经为带上两双鞋找了许多理由：比如可能会蹚水过河，弄湿鞋后需要换一双；又比如在旅途中受邀参加宴会或者去一些正式场合，因此需要穿体面的鞋子。可几次之后，我就后悔了，实际经验让我最终意识到，自己真的无须多带一双鞋，就算你非要在正式场合露面，你也可以临时在当地添置一双新鞋。

那么现在重新考虑一下，你的行李中哪些物品是大可不必带在身边的？

（编选自黄祖光《长途旅行装备指南》，有删改）

词语提示 11-2

1	原本	yuánběn	副	原来，本来。
2	从未	cóngwèi	副	从来没有。
3	添置	tiānzhì	动	在原有的基础上再购置。
4	清单	qīngdān	名	详细登记有关项目的单子。
5	蹚	tāng	动	从浅水里走过去。
6	就算	jiùsuàn	连	即使。

课文一　旅行必备 11-3

旅行中遇到不如意是常有的，比如误了火车、航班晚点。这个时候，与其发脾气抱怨，不如安下心来。情况既然发生了，那就安心等待，没有心情的旅行，是徒劳和痛苦的。

除了安心等待，有些随身物品，虽然看起来无关紧要，但如果带上它们，却能够让你的旅行生活处处充满快乐的记忆。

● 眼罩：我喜欢在旅行中备一个眼罩。我是那种一到了飞机或者车上就能睡着的人，所以我很看重我的眼罩。一罩之下，昏天黑地，去哪儿都行。

- 旅行指南：对于一个喜欢旅行而又乐此不疲的人来讲，旅行指南是不可缺少的法宝之一。特别是本国人写的，而且出版又没有超过两三年的那种，往往有你最需要的而且最有价值的信息。此外，带上详细的本地地图也很重要。

- 书：旅行中带本轻松的书，可以让旅途变得很充实。我通常会带流行社会学或者大众文化学的书，本身讲的就是对生活的观察与研究，可以活学活用。

- 枕头：在旅途中休息，可以是木板床，可以是一般的被子、毯子，但一定要有很柔软很舒服的枕头。也许你不相信，我宁愿少带一件外衣，也要带上我的枕头去旅行。

- 旅伴：旅行当然最好是与好朋友一起，那是增进感情的好机会。与一些很会玩儿的朋友一起同行，总是精彩不断。即便是临时和陌生人同行，也常常会有意想不到的惊喜。

- 主动的嘴巴：旅行的路上需要热情与主动，这可以在旅途中帮你认识更多的朋友，也可以一起玩儿出很多有意思的游戏。轻松自然地与周围的驴友[1]们打个招呼、聊个小天儿，不但可以获得让你意外的旅行知识，甚至还会在不如意时得到意外的帮助。

还有一点，要说到出行目的地的美食，我的经验是，一定要去招牌上写着本地土菜、农家菜或者私房菜的地方吃饭。在那里不仅能吃到本地的代表菜品，你还能和地道的本地人聊天儿，了解本地情况。有时候宁可小小地牺牲一下肠胃，也不要把一日三餐都交给高档宾馆。尽量品尝点儿怪异的、从没吃过也不大可能再吃到的本地土菜，这样才不会有遗憾。

（编选自袁岳博客，有删改）

---

1 驴友（lǘyǒu）："驴"是"旅"的谐音，泛指一起参加旅游、自助游和户外运动的人。

词语提示

1	如意	rúyì	动	符合心意。
2	徒劳	túláo	动	无益地耗费力气。
3	随身	suíshēn	形	带在身上或跟在身旁的。
4	眼罩	yǎnzhào	名	戴在眼睛上起到遮蔽或保护作用的东西。
5	昏天黑地	hūntiān-hēidì	成	形容天色昏暗；也形容神志不清。
6	指南	zhǐnán	名	为人们提供指导性资料或情况的东西。
7	乐此不疲	lècǐ-bùpí	成	因喜欢做某事而不感觉厌烦、疲倦。形容对某事特别爱好而沉浸其中。
8	法宝	fǎbǎo	名	比喻用起来特别有效的工具、方法或经验。
9	旅伴	lǚbàn	名	旅途中的同伴。
10	即便	jíbiàn	连	即使。
11	肠胃	chángwèi	名	肠和胃，指人的消化系统。
12	怪异	guàiyì	形	奇特，与众不同。

边学边练

随身　　指南　　意外　　发脾气　　一日三餐

1. 他动不动就＿＿＿＿＿，大家都有点儿怕他。

2. 乘客下车时，他常常提醒他们带好＿＿＿＿＿物品。

3. 为了让大家更好地使用这台机器，他们专门准备了一份操作＿＿＿＿＿。

4. 他不会做饭，＿＿＿＿＿不是在食堂就是在饭馆。

5. 如果发生什么＿＿＿＿＿，你可以拨打这个救援电话。

课文二　郁闷之旅 11-5

几经考虑，我们最后决定把行程提前了三周，为的是避开旅游高峰，免得到哪里都是人满为患。这次期待已久的美国之行终于开始了，没想到却成了一次"郁闷之旅"。

长途飞行之后，终于到达了第一个城市，没想到，还没出机场就给了我一个下马威——行李不见了。于是我赶紧到行李查询处询问，凭着有限的英语终于把手续办完了，被告知要等第二天下午的航班到达才有希望见到我的行李。没有任何换洗衣物，第二天整整一上午只能守在酒店里，下午行李终于到了，可是这一天的行程也泡汤了。

原计划第三天傍晚要乘飞机前往另一个城市，还没玩儿尽兴就匆匆赶到机场，却发现我们的航班取消了，好不容易才把我们排进了三个小时之后的一班。三个小时，再回市区游览吧，时间会比较紧张，路上往返需要不少时间；就在机场干等吧，又显得太长，好几个小时实在不好打发。无奈，只好把心安下来，在机场里逛逛，耐心等吧。谁知好不容易把几个小时熬过去了，机场广播又"遗憾地通知"我们，航班晚点一个小时。咳，早知还有这一个小时，我就去市区看夜景了，何必把机场当景点看了又看呢？

终于上了飞机，已是疲惫不堪[1]，想着一觉睡到目的地，谁知刚刚摆好姿势，后座的宝宝就开始哭闹，还不停地踢我的座椅靠背。后座的妈妈满脸不好意思地表示歉意，说孩子病了，我无话可说，只能点头表示理解。

---

1 疲惫不堪（píbèi bùkān）：非常疲乏。

前半程不停地打瞌睡,又不停地被吵醒、被踢醒,后半程我干脆就瞪着眼睛干坐着了。

这次旅行,赶上了几十年不遇的暴雨,错过了旅行社的班车,吃坏了肚子,丢了房卡……在美国的几天,"霉运"如影随形。别提了,我的第一次美国之行啊!回国后朋友们告诉我,千不该万不该,不该改行程。是啊,要是当初按原计划走,估计就不至于落到如此地步了。

词语提示

1	郁闷	yùmèn	形	烦闷,不舒畅。
2	人满为患	rénmǎnwéihuàn	成	因为人多造成了困难。
3	几经	jǐjīng	动	经过多次。
4	整整	zhěngzhěng	副	达到一个整数的。
5	泡汤	pào//tāng	动	落空。
6	尽兴	jìnxìng	动	兴趣得到尽量满足。
7	干	gān	副	徒然,不起作用,白。
8	打发	dǎfa	动	消磨(时间、日子)。
9	瞌睡	kēshuì	动	想睡觉,由于困倦进入睡眠或半睡眠状态。
10	如影随形	rúyǐngsuíxíng	成	好像影子老跟着身体一样。
11	千不该,万不该	qiān bù gāi, wàn bù gāi		比喻再三表示不应该。

第 11 课　带什么去旅行

边学边练

郁闷　　泡汤　　尽兴　　打发　　人满为患

1. 临时被老板安排加班，周末打球的计划又 _____ 了。
2. 朋友们都出去玩儿了，只有我一个人生病在家，太 _____ 了。
3. 退休后，老人每天靠养花、钓鱼 _____ 时间。
4. 这一地区西部几乎无人居住，东部却 _____ 。
5. 今天的晚会，大家玩儿得都很 _____ 。

课堂活动与任务

一、词语积累

远途：_____　　_____　　_____

行李箱：_____　　_____　　_____

清单：_____　　_____　　_____

干等：_____　　_____　　_____

二、选择词语，灵活运用

| 凭 | 露面 | 整整 | 远…… | 添置 | 千不该，万不该 |
| 瞌睡 | 几经 | 安心 | 干…… | 原本 | 落到……地步 |

1. 一年中这位影星只在媒体上 _____ ，这让他的知名度有所下降。
2. 为了准备下周的发言，我 _____ ，终于完成了。

3. 他＿＿＿＿＿＿＿＿＿＿，顺利通过了面试。

4. 有了这次外出经历，他再也＿＿＿＿＿＿＿＿＿，他要离开这里，他要到更远的地方去看一看。

5. 几个人没什么好聊的，只好＿＿＿＿＿＿＿＿。

6. 昨晚没睡好，今天上班＿＿＿＿＿＿＿＿。

7. ＿＿＿＿＿＿＿＿＿＿，他才在一家公司找到一份不错的工作。

8. 他原来生意一直做得很好，没想到＿＿＿＿＿＿＿＿＿。

9. ＿＿＿＿＿＿＿＿＿，＿＿＿＿＿＿浪费这么好的机会。

10. 登山、远足这类户外运动＿＿＿＿＿＿＿想象的那么容易。

11. 搬到新公寓后，他需要＿＿＿＿＿＿＿＿＿。

12. 有了这条高速公路，＿＿＿＿＿＿＿现在只需三四个钟头就到了。

三　参考所给词语，结合课文内容说一说

1. 根据热身课文，人们外出旅行回来常为什么事情后悔？

   （携带　从始至终　原本　特地　添置）

2. 根据热身课文，应该怎样准备行李？如何为行李减重？

   （清单　远　曾经　就算……也……　大可不必）

3. 课文一中，旅行中遇到问题该怎么办？

   （如意　与其……不如……　脾气　安下心来　徒劳）

4. 根据课文一，举例说明旅行中应该带哪些物品。

   （眼罩　旅行指南　宁愿……也要……　意外）

5. 课文一，对旅行时的饮食有什么建议？

（品尝　宁可……也不……　怪异　遗憾）

6. 根据课文二，说一说他遇到的行李问题。

（霉运　询问　凭着　换洗　泡汤）

7. 根据课文二，说一说他乘飞机时遇到的问题。

（尽兴　取消　干等　打发　早知……，就……了　打瞌睡　干坐着）

8. 根据课文二，说一说他后悔什么。

（几经　避开　人满为患　千不该，万不该　要是……就不至于……）

四、举一反三

1. 旅行时，你需要的东西**远没有**你想象的那么多。

　　（1）整个行程的费用＿＿＿＿＿＿＿＿＿＿＿＿＿＿＿＿＿＿＿＿＿＿。

　　（2）＿＿＿＿＿＿＿＿＿＿＿＿＿＿＿＿＿＿＿＿＿＿更让人着迷。

　　（3）＿＿＿＿＿＿＿＿＿＿＿＿＿＿＿＿＿＿＿＿＿＿＿＿＿＿＿＿。

2. **就算**你非要在正式场合露面，你**也**可以临时在当地添置一双新鞋。

　　（1）就算我们不能彻底解决拥堵问题，＿＿＿＿＿＿＿＿＿＿＿＿＿。

　　（2）＿＿＿＿＿＿＿＿＿＿＿＿＿＿＿＿＿，你也可以积累一些面试经验。

　　（3）＿＿＿＿＿＿＿＿＿＿＿＿＿＿＿＿＿＿＿＿＿＿＿＿＿＿＿＿。

3. 这个时候，**与其**发脾气抱怨，**不如**安下心来。

　　（1）与其一个人承担高昂的房租，＿＿＿＿＿＿＿＿＿＿＿＿＿＿＿＿。

　　（2）＿＿＿＿＿＿＿＿＿＿＿＿＿＿＿＿＿，不如找个过来人请教一下。

　　（3）＿＿＿＿＿＿＿＿＿＿＿＿＿＿＿＿＿＿＿＿＿＿＿＿＿＿＿＿。

4. 我**宁愿**少带一件外衣，**也要**带上我的枕头去旅行。

（1）他宁愿放慢进度，_____。

（2）_____，也要把垃圾分类处理。

（3）_____。

5. 有时候**宁可**小小地牺牲一下肠胃，**也不要**把一日三餐都交给高档宾馆。

（1）他宁可重新起草一份文件，_____。

（2）_____，也不愿意蹚水过河。

（3）_____。

6. **要是**当初按原计划走，估计**就不至于**落到如此地步了。

（1）要是少带一些东西，_____。

（2）_____，_____失去这个机会了。

（3）_____。

五　交际策略——用选择复句说明主张或选择

选择关系的复句可以用来说明主张或所做的选择。"与其……，不如……"表示两个选项中后一项较前一项更好，含有对两个选项进行比较、权衡后做出选择的意思；"宁可……，也不（想/要/能/愿）……"则表示两个选项中前一项更值得选择，"宁可"引出的是经过权衡、比较后要选取的内容，"不"前常加"也"来加强语气；而"宁可……，也（要/得）……"中，"宁可"后面是做出的选择，"也"后面是选择的目的，为了表明实现目的的决心，"也"后面常用"要/得"这样的能愿动词。"宁愿""宁肯"也常代替"宁可"用在这种句式中。

1. 这个时候，与其发脾气抱怨，不如安下心来。

2. 有些人宁可没有工作待在家里，也不愿去做导购或服务员。

3. 有时候宁可小小地牺牲一下肠胃，也不要把一日三餐都交给高档宾馆。

4. 我宁愿少带一件外衣，也要带上我的枕头去旅行。

5. 我们宁肯自己受一些损失，也得保障消费者的利益。

试着使用上述方式,说明你对下列问题的选择:

1. 做得快 / 做得好

2. 质量一般但价格便宜 / 质量好但价格贵

3. 投入大量人力物力保护文物 / 发展经济

4. 去城市工作 / 留在农村当老师

5. 不接受新的任务 / 接受挑战锻炼能力

六 表达训练——遗憾、后悔

读一读,想一想:

- 真不该带这么多的东西,下次旅行我一定得少带点儿。
- 可几次之后,我就后悔了。
- 咳,早知还有这一个小时,我就去市区看夜景了。
- 千不该万不该,不该改行程。
- 要是当初按原计划走,估计就不至于落到如此地步了。

表示遗憾和后悔,可以直接说"真遗憾,……""后悔……",还可以使用"真不该……""千不该万不该,不该……";表明后悔做了什么事情,也可以用"咳,早知……就A了""要是A就不至于……了",A代表的是后悔没有做或应该做的事情。除此之外,"咳,别提了,……""早知这样,……""……,就好了"等也可以表明遗憾、后悔的态度。

你认为上面这几句话是在表明什么态度?要用什么语气说这几句话?

试一试,说一说:

1. 半路下雨却没有带雨伞。

2. 到达车站时,火车刚刚离开。

3. 告诉朋友一件事后,朋友非常生气。

4. 不想多走几步去过桥,蹚水过河却摔倒在河里。

5. 把问题归咎于朋友,却发现自己错了。

6. 有几个就业机会都放弃了,现在再想找那样的工作已经没有机会了。

七 完成任务

设想两个不同的旅游目的地，列出你将准备的行李，并适当说明理由。

目的地	行李清单	理由
	<ul><li></li><li></li><li></li><li></li></ul>	<ul><li></li><li></li><li></li><li></li></ul>
	<ul><li></li><li></li><li></li><li></li></ul>	<ul><li></li><li></li><li></li><li></li></ul>

八 小组讨论

1. 你会带什么去旅行？

2. 说说你最糟糕的一次旅行经历。

3. 旅行中遇到不如意时，你会怎么做？

4. 你认为旅行最大的乐趣是什么？

延伸学习　课文链接

几乎三分之一的受访旅行者表示，最不能忍受的是在飞机上孩子踢他们的座椅靠背。

链接一　最恼人的旅行者

"沙发客"，顾名思义是睡沙发的客人，也就是不花钱借宿的旅游者。这是一种个性化自助游，或者说是互助游。

链接二　沙发客

- 常用词语
- 表达方式
- 精彩观点
- 文化异同

12 是包袱还是财富

学习表达

▶ 一、……显示 / 表明

1. 联合国人口司发表的最新人口预测报告显示，2022 年全球人口约 80 亿，预计 2030 年将达到 85 亿，2050 年会突破 97 亿。
2. 中国第七次全国人口普查数据表明，全国人口中男性人口占 51.24%，女性人口占 48.76%。
3. 人口普查的资料显示，这个城市的流动人口已超过 800 万。

▶ 二、根据 / 据（……）估算 / 统计

1. 根据联合国估算，到 2030 年，全球 60 岁及以上的老龄人口将增加到 14 亿。
2. 据权威数据统计，我国大约有 5% 的色弱患者。
3. 据统计，该省去年老年人口为 1260 万，老龄化程度达到 17%。

▶ 三、多少

1. 人老了，身体健康状况多少会受到影响，各种病痛也就多了，这是自然规律。
2. 这项措施虽不能彻底解决问题，但多少可以缓解一下交通压力。
3. 读完这本书，我们多少能对那段历史有些了解。

▶ 四、据（……）报道，……

1. 据媒体报道，澳大利亚银行前行长就曾公开评论："我们花在昔日工人身上的钱太多，用于培训未来工人的钱却太少，如此分配实属错误。"

2. 据《每日新闻》报道，本市的机动车数量已经达到500万。

3. 据报道，人口老龄化这一最初主要涉及发达国家的问题，如今在发展中国家也越来越突出。

▶ **五、确实/的确/诚然如……所说……，但是/可是……**

1. 确实如有些人所说，人到老年体力就下降了。但是老年人有着年轻人无法与之相比的优势，那就是他们积累的经验、知识、智慧和才能。

2. 的确如你所说，他是没有把实情告诉你，但是，那也是怕你着急呀。

3. 诚然如你所说，他是长得不帅，可是我最珍惜的是他的善良。

热身　人口老龄化状况 🎧 12-1

联合国人口司发表的最新人口预测报告显示，2022年全球人口约80亿，预计2030年将达到85亿，2050年会突破97亿。同时，当今世界各地人们的寿命在不断延长，根据联合国的研究估算，2050年全球平均预期寿命将从2019年的72.8岁提升至77.2岁。

那么问题来了，世界各国老年人数量和占比都呈上升趋势，全球人口正在迅速老龄化。其中，60岁以上人口增长速度最快，到2050年预计将增长到目前的3倍。在发达国家，老龄人口平均每年以1.9%的速度递增；而发展中国家的老龄人口年增长率则超过3%。根据联合国估算，到2030年，全球60岁及以上的老龄人口将增加到14亿；到2050年，这一数字将增加到21亿。也就是说，届时每5人中就有1位是老年人。

老龄化问题不断加剧是个世界性问题，主要是因为人口出生率逐年下降，而人的平均寿命不断增加。各国政府为此采取了相应的鼓励生育、推迟退休年龄等政策和措施。因为人们已经充分意识到，人口老龄化会带来社会、经济、科学、文化等一系列问题，仅对经济发展的影响就涉及就业、劳动力资源、赡养等诸多方面。有人甚至担心，几十年后，公交车上都是白发老人，儿童乐园改成了老年活动中心，电视中一半以上是老年节目……那么，这些老年人，他们到底是包袱还是财富呢？

词语提示

1	预测	yùcè	动	预先推测或测定。
2	估算	gūsuàn	动	大致推算。
3	届时	jièshí	副	到时候。
4	相应	xiāngyìng	动	相互呼应或照应，相适应。
5	劳动力	láodònglì	名	人的劳动能力，有时指参加劳动的人。
6	赡养	shànyǎng	动	特指子女对父母提供物质和生活所需。

课文一　包袱论

①谈到老龄化问题，不能不说说养老问题。中国历来有敬老、爱老、养老的传统美德，而且从法律角度讲，赡养父母是子女应尽的义务。可是，随着人口老龄化现象加剧，少子家庭日益增多，子女赡养老人的负担越来

越重。而且，即便儿女们想经常陪伴在父母身旁，快节奏的生活、工作竞争的压力，也让他们心有余而力不足。

②人老了，身体健康状况多少会受到影响，各种病痛也就多了，这是自然规律。如果老人身体不佳，生活不能自理，会给子女带来不少压力和负担。如果老人的退休金微薄，经济拮据，那在这种情况下，老人对子女来说，确实是负担，是包袱。

③当今社会竞争激烈，年轻人就业压力本就比较大。而为了应对老龄化问题，又提倡推迟退休年龄，这会不会对年轻人就业产生影响呢？人们不禁有了这样的担忧。

④据媒体报道，澳大利亚银行前行长就曾公开评论："我们花在昔日工人身上的钱太多，用于培训未来工人的钱却太少，如此分配实属错误。"

总之，老龄群体的快速扩大，对社会产生了巨大的压力。

词语提示

1	历来	lìlái	副	从来，一向。
2	自理	zìlǐ	动	自己料理，自己照顾、处理。
3	微薄	wēibó	形	数量少，微小单薄。
4	心有余而力不足	xīn yǒuyú ér lì bùzú		形容心里非常想做某事，但力量或能力不足，无法实现。
5	拮据	jiéjū	形	缺少钱，非常穷困。
6	昔日	xīrì	名	往日，从前。

边学边练

历来　　昔日　　多少　　应对　　心有余而力不足

1. 无论是哪一种药品_____都会有点儿副作用。
2. 参观博物馆_____是英国中小学教育的一个重要环节。
3. 10年后我们偶然相遇，我简直不敢相信，_____不爱说话的她，如今的职业竟然是教师。
4. 紧张的工作占去了他们绝大部分时间，即便想照顾老人也显得_____。
5. 为了_____即将登陆的台风，人们已经做好了一切准备。

课文二　财富论 12-5

① 俗话说："家有一老，如有一宝。"一般老年人都是在60岁左右退休，健康老人可以帮子女带孩子、照管家务，解除子女的后顾之忧。这对子女来说是巨大的精神财富。而且老年人消费少，开销省，多余的退休金还能贴补家用。怎么能说是包袱呢？

② 确实如有些人所说，人到老年体力就下降了。但是老年人有着年轻人无法与之相比的优势，那就是他们积累的经验、知识、智慧和才能。再说，延迟退休的群体，还远没有达到体弱多病的年龄，而他们的经验、智慧和才能，却是十分宝贵的财富。

③ 有人说，老年人延迟退休就是与年轻人竞争，这一点，我不敢苟同。发展经济的首要条件是提高劳动力的质量，拥有较多的技术工人和各

方面人才,这些都是重中之重。在人才紧缺的情况下,充分利用老年人才资源有利于发展经济,而且老年人和年轻人的优势各不相同,与年轻人就业并不冲突。

④ 现在不是还有"啃老族"吗?对他们来说,老人几乎成了"印钞机[1]""摇钱树[2]",当然是"财富"了。

⑤ "老马识途""姜还是老的辣""老将出马,一个顶俩"……中国有很多俗语是用来肯定老年人价值的。

词语提示

1	解除	jiěchú	动	去掉,消除。
2	后顾之忧	hòugùzhīyōu	成	泛指来自后方或家里的忧患。
3	开销	kāixiāo	名	支付的费用。
4	贴补	tiēbǔ	动	从经济上帮助(多指对亲属或朋友)。
5	家用	jiāyòng	名	家庭中的生活费用。
6	苟同	gǒutóng	动	随便地同意。
7	老马识途	lǎomǎ-shítú	成	比喻阅历多的人富有经验,熟悉情况,能起引导作用。

---

1 印钞机(yìnchāojī):专门用来印制货币的机器。这里比喻可以带来钞票、钱财的人或事物。
2 摇钱树(yáoqiánshù):原指神话中的一种宝树,一摇晃就有许多钱掉下来,现指借以获得钱财的人或事物。

边学边练

开销　　紧缺　　摇钱树　　后顾之忧

1. 他平时有些大手大脚,每个月的生活____都在万元以上。
2. 女儿有了理想的工作,父母也彻底没有了____。
3. 由于资金____,我们新投资的几个项目不得不暂时下马。
4. 经过重新包装,这种小小的手工艺品成了当地农民的____。

课堂活动与任务

一、词语积累

预测:____　　　　____　　　　____

逐年:____　　　　____　　　　____

平均寿命:____　　　　____　　　　____

再说:____　　　　____　　　　____

二、选择词语,灵活运用

| 届时 | 估算 | 赡养 | 一系列 | 义务 |
| 多少 | 历来 | 相应 | 逐…… | 加剧 |

1. 这几首歌可以说是无人不晓,每个人____唱上几句。
2. 产品销售的问题解决了,____问题也都迎刃而解了。
3. ____是每个子女应尽的义务和责任。

4. 长城 _____ 到北京的必游之地。

5. 每一位公民都应该明白自己可以享受什么样的权利，应该 _____。

6. 随着新情况的出现，我们不得不对原有的计划 _____。

7. _____，这座老年公寓的建设大约需要 8000 万元。

8. 本届时装周开幕表演今晚 8 时正式开启，_____ 将参与演出。

9. 我们会把大家的意见和建议 _____，并向有关部门反映，希望能尽快解决。

10. 经济增长速度提高了，但经济发展与生态保护的矛盾 _____。

三、参考所给词语，结合课文内容说一说

1. 根据热身课文，说说最新的人口预测情况。

   （显示　迅速　根据……估算　届时）

2. 根据热身课文，说说老龄化的原因和可能带来的问题。

   （加剧　逐年　推迟　一系列　涉及　赡养）

3. 根据课文一，说说"包袱论"的理由。

   （养老　历来　义务　少子家庭　心有余而力不足　自理　拮据　推迟）

4. 根据课文二，说说"财富论"的理由。

   （后顾之忧　退休金　贴补家用　优势　人才紧缺　冲突　摇钱树　俗语）

四 举一反三

1. 联合国人口司发表的最新人口预测报告<u>显示</u>，2022年全球人口约80亿，预计2030年将达到85亿，2050年会突破97亿。

   （1）来自相关留学管理部分的数据显示，_____。

   （2）_____，实行车辆尾号限行措施以来，交通拥堵情况有所缓解。

   （3）_____。

2. <u>根据</u>联合国<u>估算</u>，到2030年，全球60岁及以上的老龄人口将增加到14亿。

   （1）据旅游管理局统计，_____。

   （2）_____，本市的常住流动人口已达到700万。

   （3）_____。

3. 人老了，身体状况<u>多少</u>会受到影响，各种病痛也就多了。这是自然规律。

   （1）我们曾经对这个问题进行过调查，_____。

   （2）_____，但要说了解可谈不上。

   （3）_____。

4. <u>据</u>媒体<u>报道</u>，澳大利亚银行前行长就曾公开评论："我们花在昔日工人身上的钱太多，用于培训未来工人的钱却太少，如此分配实属错误。"

   （1）据早间新闻报道，_____。

   （2）_____，这已是该频道第三次转播这类比赛了。

   （3）_____。

五 交际策略——用转述的内容对问题加以说明

在说明某一问题或观点时，为了更有说服力，常常引用或转述一些内容，如"……显示""……表明""据（……）统计/调查/介绍/报道/记载"等。类似的转述表达还有"据……说""据说/听说，……""据……的消息""有……介绍说"等等，引用或转述的内容都是为了更好地说明事实或自己的观点。

1. 联合国人口司发表的最新人口预测报告显示，2022年全球人口约80亿，预计2030年将达到85亿，2050年会突破97亿。

2. 最新人口普查数据表明，全国人口中男性人口占51.24%，女性人口占48.76%。

3. 据权威数据统计，我国大约有5%的色弱患者。

4. 据媒体报道，澳大利亚银行前行长就曾公开评论，"我们花在昔日工人身上的钱太多，用于培训未来工人的钱却太少。"

5. 据说，中药对这种病的疗效更好一些，不妨试一试。

6. 据有关资料记载，早在几十年前，两国的民间交往就十分活跃。

现在轮到你了，来试一试吧：

1. 你们国家的人口现状
2. 你们国家和中国的建交史
3. 某一国家或地区的手机用户数量
4. 最好的减轻压力的方式
5. 最近的一条新闻
6. 关于《论语》

六 表达训练——反对

读一读，想一想：

- 我不同意／不赞成／不接受……的说法／观点。
- 我对你的说法持保留意见，……
- 有人认为……，其实不然，……
- 也许有人会说……，但是我认为……
- 对这一点我不敢苟同，……
- 对此我有不同看法，我认为……
- 话不能这么说，……
- 这样的说法有问题，……
- 确实如你所说……，但是……

在讨论特别是辩论时，如果反对、不赞成某一观点，可以使用这些句子开门见山地表明态度。

你认为上面几句话是在表明什么态度？要用什么语气说这几句话？

试一试，说一说：

1. 大学应该培养学生的工作技能而不是传授理论知识。
2. 大学期间去打工是一个好主意。
3. 免费在网上看电影是应该的。
4. 应当限制名人、明星做广告。
5. 只有在大城市工作才有更好的发展空间。

七、完成任务

老人到底是包袱还是财富？为"包袱论"和"财富论"找出不同理由。

包袱论	财富论
•	•
•	•
•	•
•	•
•	•
•	•

八、小组讨论

1. 延迟退休与年轻人就业有矛盾吗？为什么？
2. 在你们国家，养老问题是怎么解决的？
3. 你认为AI的出现，能解决劳动力人口短缺的问题吗？说说理由。
4. 有人说，在新时代，大多数人都是多余的。你怎么看？

延伸学习 课文链接

根据联合国人口司最新公布的世界人口展望数据,目前有38个国家和地区处于人口负增长之中,这些国家和地区都面临严峻的低生育率和老龄化形势。

链接一　人口负增长

家庭养老、居家养老、社区养老和机构养老是常见的养老模式。除此之外,各国各地还有一些其他模式。

链接二　养老模式

我的收获

- 常用词语
- 表达方式
- 精彩观点
- 文化异同

13 谁掏钱

学习表达

▶ 一、争着抢着……

1. 只要跟朋友在一起，就争着抢着去付账。
2. 新闻发布会上，记者们争着抢着向发言人提问。
3. 这一款手机刚一上市，喜欢时尚的年轻人就争着抢着购买。

▶ 二、（如果）……还好说/还好办，而……，就……

1. 欠钱还好说，而欠了朋友的人情账，你就得加倍偿还。
2. 只是气温高还好说，而又闷热又潮湿，就真让人受不了。
3. 资金不够还好办，而没有一个很好的团队，那就只好放弃这个项目了。

▶ 三、如果……（会）……；（而）如果……（又会）……

1. 如果是自己花得比朋友少，就会觉得自己没面子；而如果自己花得比朋友多，又会觉得有点儿吃亏。
2. 如果你找不到问题的核心，你将事倍功半；而如果你能找到解决问题的关键，那么你就会事半功倍。
3. 如果我替母亲说话，妻子会生气；如果我向着妻子，老妈又会伤心。真是左右为难啊。

▶ 四、要是……还好，倘若……，……

1. 要是偶尔为之还好，倘若隔三岔五就来一次，那可真吃不消。
2. 要是我们能够同去还好，倘若只让我一个人去见他，我可不敢。

3. 要是能尽快解决这个问题还好，倘若一周之内还不能找到解决方案，我们的损失就大了。

▶ 五、心里有数

1. 其实大家心里都有数，这次吃你的，下次就该我了。
2. 项目的进展情况不用随时向领导汇报，但你自己要心里有数。
3. 他不善理财，自己每个月花多少钱心里都没数。

热身　目瞪口呆与司空见惯 🎧 13-1

　　几年前在美国我曾与一个家庭生活过一段时间，而且相处得非常和睦。有一次，我和房东全家出去吃饭。就座后，大家各自点了自己喜欢的食物，开心地边吃边聊，气氛十分融洽。饭后结账时，令我十分不解的一幕发生了。因为房东事先说明是请我，所以她替我付了我那一份，然后，在付了她那一份并留下足够的小费之后，就起身去了洗手间。这时，她的儿子则毫无异议地为自己的那一家人付了该付的另一部分。当时的我只能用"目瞪口呆"来形容，张着的嘴半天没合上。这在我们中国是绝对不可能出现的！回家的路上，我问房东，既然家人关系如此融洽，又是很长时间没有一起出来聚餐了，为什么还要各付各的账呢？她对我说："这在我们美国是司空见惯的事。如果各付各的账，我们相聚的机会远比我每次都为所有人付账要多得多。"这句话，至今我都铭记在心。

　　这些年在国内，AA制已不是什么新鲜事，在年轻人中，特别是在学生、网友和同事间比较流行。甚至我和一些老朋友聚会时，有几次我想请客都遭到大家的批评，他们说我落伍了，还告诉我："这年头朋友吃饭没有请客的了，都是自己付自己的。"更有甚者，还听说有少数夫妻也是家庭经济AA制，我又一次目瞪口呆了。我不禁想问，你会和你的朋友、你的家人、你的配偶 AA 制吗？

词语提示 🎧 13-2

1	和睦	hémù	形	相处融洽友好。
2	房东	fángdōng	名	房客对房主的称呼。
3	就座	jiù//zuò	动	坐到座位上。
4	融洽	róngqià	形	彼此感情好，没有抵触。
5	目瞪口呆	mùdèng-kǒudāi	成	瞪着眼睛说不出话，形容因吃惊或害怕而突然愣住的样子。
6	聚餐	jù//cān	动	聚在一起吃饭。
7	司空见惯	sīkōng-jiànguàn	成	表示看惯了就不觉得奇怪。
8	相聚	xiāng jù		集合，聚会。
9	铭记	míngjì	动	深深地记在心里。

课文一　正方：AA 制好处多 🎧 13-3

①要我说啊，AA 制好处多了。就拿用餐 AA 制来说吧，一是公平。大家吃饭大家掏钱，天经地义，合情合理，免去了在"谁掏钱"问题上的矛盾，有利于同事和朋友之间的和睦相处。二是经济。因为共同参与买单，自己也要掏一部分腰包，自然会注意节约，避免了花钱大手大脚，也避免了浪费。三是对健康有利，吃多少买多少，肚子是自己的，没必要花钱买罪受。

既然好处如此之多，何乐而不为呢？

②说到东方文化，中国有一句古话叫"亲兄弟，明算账"，我认为这是天经地义的。朋友之间的交往，谁的就应该是谁的，谁的账就应该谁来付。可是对有些人来说，好像朋友之间明算账就是小气，就不够朋友了。所以只要跟朋友在一起，就争着抢着去付账，甚至连到底应该付给卖家多少也不考虑了，往往吃了亏还不知道。你说这又何必呢？

③抱歉，我打断一下。也许有人会说朋友之间采用AA制是斤斤计较，是见外，会影响友谊，其实不然。大家仔细想想就会发现，和朋友在一起时，常常会为付款的事搞得心里有点儿累。这次别人为自己付了款，自己心里就很不安，就得把这事记在心上，总要找个机会再为对方买一次单。在没有找到机会之前，总有一种欠了人情的沉重感。欠钱还好说，而欠了朋友的人情账，你就得加倍偿还，似乎只有这样才对得起朋友。如果是自己花得比朋友少，就会觉得自己没面子；而如果自己花得比朋友多，又会觉得有点儿吃亏。这样你来我往，表面上看朋友之间亲密得不分你我，实际上，久而久之，朋友之间的交往就会减少，关系也会被冲淡。

④对刚参加工作和正在上学的人来说，他们的收入本来就有限，如果一个人为大家付一顿饭钱，可能就是半个月的工资或生活费。要是偶尔为之还好，倘若隔三岔五就来一次，那可真吃不消。还是AA制更好，根据自己的经济实力消费，大家谁也不欠谁的人情。

⑤你觉得总不买单的人会让人反感，这正是传统请客方式带来的问题。我们现在的生活节奏这么快，工作学习都很忙，谁能保证任何事情都能记在脑子里？有时难免会忘了该轮到谁了，到头来可能因为这个影响了朋友之间的关系。而如果AA制就完全可以避免这个问题了，大家都更自由，更独立。

⑥我觉得没什么不可以。AA制强调各自承担各自的义务、各自负担各自的费用，简单实用，公平合理。朋友之间可以更平等、更没有负担地相处，而且即使有一天关系不好了、分手了，也不会觉得谁欠谁的。

词语提示

1	天经地义	tiānjīng-dìyì	成	原指上天的规范、大地的准则，后用来指正确的、不容怀疑的道理。
2	合情合理	héqíng-hélǐ	成	合乎情理。
3	掏腰包	tāo yāobāo		从钱包里掏钱，多指出钱。
4	大手大脚	dàshǒu-dàjiǎo	成	形容花钱用东西没有节制。
5	吃亏	chī//kuī	动	受损失。
6	斤斤计较	jīnjīn-jìjiào	成	形容过分计较微小的利益或无关紧要的事情。
7	见外	jiànwài	动	当外人看待，没有当作朋友看待。
8	偿还	chánghuán	动	归还（所欠的债）。
9	久而久之	jiǔ'érjiǔzhī	成	经过了相当长的时间。
10	倘若	tǎngruò	连	表示假设。
11	隔三岔五	gésān-chàwǔ	成	每隔不久，时常。
12	吃不消	chībuxiāo	动	不能支持，支持不住，受不了。
13	反感	fǎngǎn	形	厌恶，不满。反对或不满的情绪。

边学边练

欠　　掏腰包　　吃亏　　斤斤计较　　吃不消　　反感　　争着抢着　　隔三岔五

1. 怎么能每次聚会都让你 ＿＿＿＿＿＿ 呢，这次我来吧。
2. 他宁可在家待业也不愿 ＿＿＿＿＿＿ 朋友的人情，请他们帮忙找一份工作。
3. 每天这么大的运动量，我可真有点儿 ＿＿＿＿＿＿ 了。
4. 这位歌星一走进会场，他的歌迷们都 ＿＿＿＿＿＿ 为他献花，请他签名。
5. 跟朋友在一起完全没有必要 ＿＿＿＿＿＿ ，那样会引起大家的 ＿＿＿＿＿＿ 。
6. 买东西要货比三家，免得 ＿＿＿＿＿＿ ，花冤枉钱。
7. 做了销售，＿＿＿＿＿＿ 就有个应酬，属于自己的时间越来越少。

课文二　　反方：AA制不适合东方文化 13-5

①对刚才这位的观点我可不敢苟同。其实AA制这种交友方式更符合西方人的生活习惯，它并不适合我们亚洲人。东方文化讲究情感的投入和交流，特别讲究的是手足情、朋友情，其中包括同学之间的情感、战友[1]之间的情感等。这些特殊的情感、关系正是社会温暖的重要原因。如果在这些关系中使用AA制，会有什么样的结果，我想就不言而喻了。如果有人说AA制并不影响人们之间的情感，那么，你可以在你和你的女朋友之间试试，或者在你和你的客户之间试试。

②说到这儿，我想插一句。我们确实见到有些人买单时争着抢着付账，可这是完全可以避免的，只要事先说好谁请客就行了。而和朋友一起出去

1　战友：在一起战斗或一起服兵役的人。

吃饭，主要是为了有一个交流沟通的机会，这种情况我认为AA制并不可取，它至少会让我觉得彼此很生分，有距离。

③我完全不同意这种说法。既然是朋友，既然是哥们儿[2]，吃饭、喝酒自然都抢着付费。即使为他多付一些又有什么呢？况且在交往中，其实大家心里都有数，这次吃你的，下次就该我了。大家轮流来，谁还会计较谁多买了一两次单呢？

④为什么总是想着谁欠谁的呢？朋友请我的时候，我能感受到他的热情和友情；我请朋友的时候，我也会觉得付出是非常快乐的事情。而AA制只强调自我，久而久之，他不会慷慨了，你不会感激了，于是友谊消失了，社会冷漠了。你来我往地请客，既维护了这种关系，又增强了人的自觉性。想一想，那些吃饭总是不买单的人肯定是让人反感的，为了维护这种交往，就必须学会自觉，学会与人相处。

⑤我想冒昧地问一句，支持AA制的人，你们和自己的男朋友、女朋友，甚至父母、配偶也是AA制吗？

⑥坦率地说，我最不能理解的就是谈恋爱AA制、家庭AA制。谈恋爱一起吃顿饭、看个电影，还要各掏一半，感觉你就是在找个人陪你吃饭、看电影，而不是在谈恋爱了。特别是男生，如果这么斤斤计较，女朋友不跟你分手才怪呢。AA制看上去似乎挺公平合理的，实际上表现了一些人的不负责任，害怕承担，斤斤计较。一个家庭，夫妻之间，物质和金钱真的需要算得那么清楚吗？不妨想一想，什么都AA制了，什么都一分为二了，那爱情又去哪里了呢？

---

2 哥们儿：非常好的兄弟、朋友。

第13课 谁掏钱

词语提示 🎧 13-6

1	不言而喻	bùyán'éryù	成	不用说就可以明白。
2	生分	shēngfen	形	（感情）疏远，不亲近。
3	况且	kuàngqiě	连	表示更进一层，多用来补充说明理由。
4	有数	yǒushù	动	知道数目，指了解情况，有把握。
5	慷慨	kāngkǎi	形	大方，不吝啬。
6	冷漠	lěngmò	形	（对人或事物）冷淡，不关心。
7	维护	wéihù	动	使免于遭受破坏，维持保护。
8	冒昧	màomèi	形	（言行）不顾能力、地位、场合是否适宜（多用作谦辞）。

边学边练

有数　　事先　　慷慨　　冒昧　　插　　况且

1. 如果计划有什么改变，你最好＿＿＿＿＿跟我们打个招呼。

2. 我想＿＿＿＿＿地问一句，你现在的收入能够养活你们一家人吗？

3. 经过调查，我们对情况已经心中＿＿＿＿＿了。

4. 他每年都会把收入的一部分＿＿＿＿＿地捐献出来，资助那些贫困儿童上学。

5. 抱歉，我想＿＿＿＿＿一句，你们刚才提到的这些都是正方的理由，有没有支持反方的理由呢？

6. 从简历上看他的能力不错，＿＿＿＿＿还有熟人的推荐，我看可以录用。

165

课堂活动与任务

一、词语积累

AA制：

欠钱：

反感：

手足情：

二、选择词语，灵活运用

| 就座 | 吃亏 | 欠 | 好说 | 司空见惯 | 目瞪口呆 |
| 融洽 | 况且 | 各 | 有数 | 斤斤计较 | 吃不消/吃得消 |

1. 宴会马上开始，请大家_____。

2. 这是旅行要带的物品清单，大家回去_____，后天一早在这儿集合。

3. 他_____，大家都觉得他太精明了，没人愿意和他成为朋友。

4. 您放心吧，_____，一定会注意少花钱、多办事。

5. 因为汇率的变化，我们进口的这批货_____，要想办法减少损失。

6. 这么艰苦的旅行，年轻人_____，他一个老人怎么_____？

7. 他和房东一家_____，就像一家人一样。

8. 手机随时在线、周末加班，人们对_____，怎么才能改善这些情况？

9. 为了还清_____，他把房子抵押给了银行。

10. 他们只是到户外活动活动，_____，不会出问题的。

11. 我们已经做了安排，至于什么时候开始_____，请大家等通知吧。

12. 他们好不容易打开箱子，箱子竟然是空的，所有人_____。

三、参考所给词语，结合课文内容说一说

1. 根据热身课文，说说什么事情让"我"目瞪口呆。

   （相处　融洽　结账　事先　小费　司空见惯）

2. 根据热身课文，说说AA制在国内的情况。

   （新鲜　特别是　聚会　落伍　更有甚者　配偶）

3. 根据课文一，从与朋友的关系方面说说正方的观点。

   （公平　天经地义　合情合理　掏腰包　争着抢着　吃亏　斤斤计较　见外　欠钱/人情　……还好说，而……　如果……，而如果……　表面上……，实际上……　久而久之）

4. 根据课文一，从个人经济能力方面说说正方的观点。

   （经济　掏腰包　对……来说　……还好，倘若……　隔三岔五　吃不消　大手大脚）

5. 根据课文二，说说反方的观点。

   （讲究　况且　心里有数　事先　生分　见外　小气　斤斤计较　反感　慷慨　冷漠　看上去……，实际上……）

四、举一反三

1. 只要跟朋友在一起，就争着抢着去付账。

   （1）辩论会上，＿＿＿＿＿＿＿＿＿＿＿＿＿＿＿＿＿＿＿＿＿＿＿＿＿＿＿＿＿＿＿＿。

   （2）＿＿＿＿＿＿＿＿＿＿＿＿＿＿＿＿＿＿＿＿＿＿＿，几千张门票一抢而空。

   （3）＿＿＿＿＿＿＿＿＿＿＿＿＿＿＿＿＿＿＿＿＿＿＿＿＿＿＿＿＿＿＿＿＿＿＿＿。

2. 欠钱还好说，而欠了朋友的人情账，你就得加倍偿还。

（1）如果再有几天时间还好说，_____。

（2）_____，_____，我真的不敢保证了。

（3）_____。

3. 如果是自己花得比朋友少，就会觉得自己没面子；而如果自己花得比朋友多，又会觉得有点儿吃亏。

（1）如果夏天去会太热，_____。

（2）_____，如果申请的资金太多又可能得不到批准，你说怎么办？

（3）_____。

4. 要是偶尔为之还好，倘若隔三岔五就来一次，那可真吃不消。

（1）要是有老师的指导和帮助还好，_____。

（2）_____，倘若高峰时间，最少也得两个小时。

（3）_____。

5. 即使为他多付一些又有什么呢？况且在交往中，其实大家心里都有数，这次吃你的，下次就该我了。

（1）你曾经做过主持人，_____，相信你一定能胜任。

（2）放心吧，我肯定尽地主之谊，_____。

（3）_____。

五 交际策略——假设复句连用加以说明

假设关系复句先用连词"要是""如果""假如""倘若"等提出假设的条件和情况，而后在"那""那么""就""则"等后面引出这种条件或情况下的结果。这类复句可以并列使用，提出正反两方面的假设，分别得出结论，而得出的结论都是用来更好地说明自己的观点和主张。"要是""若是""假使"等都可以提出这样的假设。

1. 要是偶尔为之还好，倘若隔三岔五就来一次，那可真吃不消。

2. 如果是自己花得比朋友少，就会觉得自己没面子；而如果自己花得比朋友多，又会觉得有点儿吃亏。

3. 欠钱还好说，而欠了朋友的人情账，你就得加倍偿还。

4. 要是说能送货上门还可以考虑，要是让我自己去取，那就算了。

5. 若是能通过笔试，则可以进入面试阶段；若是笔试通不过，那么就没有机会了。

试着使用上述方法，就下列问题说明你的观点：

1. 比赛输赢的不同结果
2. 外出旅行带不带旅游指南
3. 退休人员是否再就业
4. 是否选择素食
5. 是否征收交通拥堵费

六 表达训练——打断、插话

读一读，想一想：

- 对不起，我打断一下。……
- 抱歉，我想插一句，……
- 请允许我插一句，……
- 冒昧地问一句，……
- 说到这儿，我想补充一点，……
- 等等，……
- 慢着，……

在与别人讨论、座谈、辩论时，可以使用这些句子打断别人、插入话语，或是进一步确认对方的意思，或是提问，或是发表不同看法，或是转变话题。

你认为上面几句话使用了什么表达方式？什么时候会需要使用这样的表达方式？

试一试，说一说：

在班上找一个语伴，二人先后向对方讲述一件自己想说的事情，听的一方中间至少打断对方、插话一次。

七、完成任务

1. 社会调查：外出就餐谁掏钱？

	和朋友	和恋人或配偶	和家人	和同事或同学	和客户
AA 制					
大家轮流请客					
经常自己请客					
经常别人请客					

2. 总结支持和反对 AA 制的理由。

支持	反对
•	•
•	•
•	•

八、小组讨论

1. 结合社会调查，说一说人们外出就餐时一般都采用怎样的付款方式。
2. 你会和你的男/女朋友实行 AA 制吗？
3. 你怎么看家庭 AA 制/夫妻 AA 制？
4. AA 制与做东请客制的优势。

九、讨论会

在 AA 制与做东请客制面前，我们何去何从？

延伸学习 课文链接

美国人曹操是个著名的中国通,他不光汉语说得好,对中国社会、中国文化的了解也十分通透。曹操就明确表示,他不同意AA制。

链接一　曹操为什么不同意AA制?

在当今中国社会,外来的AA制与中国传统的做东请客文化并非对立,而是共同构成了多元化的社交礼仪体系,二者各有其适用的场合和目的,并形成某种互补关系。

链接二　外来的AA制与中国传统的做东请客文化并非对立

我的收获

- 常用词语
- 表达方式
- 精彩观点
- 文化异同

活动页

活动任务一

以思维导图为引导,介绍或推荐一部你喜欢的电影。

任务步骤:

1. 结合参考词语和参考表达,补充思维导图中的相关内容要点;
2. 介绍一下这部电影的制作团队;
3. 概括这部电影的主要内容;
4. 简单评论一下这部电影;
5. 总结说明为什么介绍或推荐这部电影。

思维导图

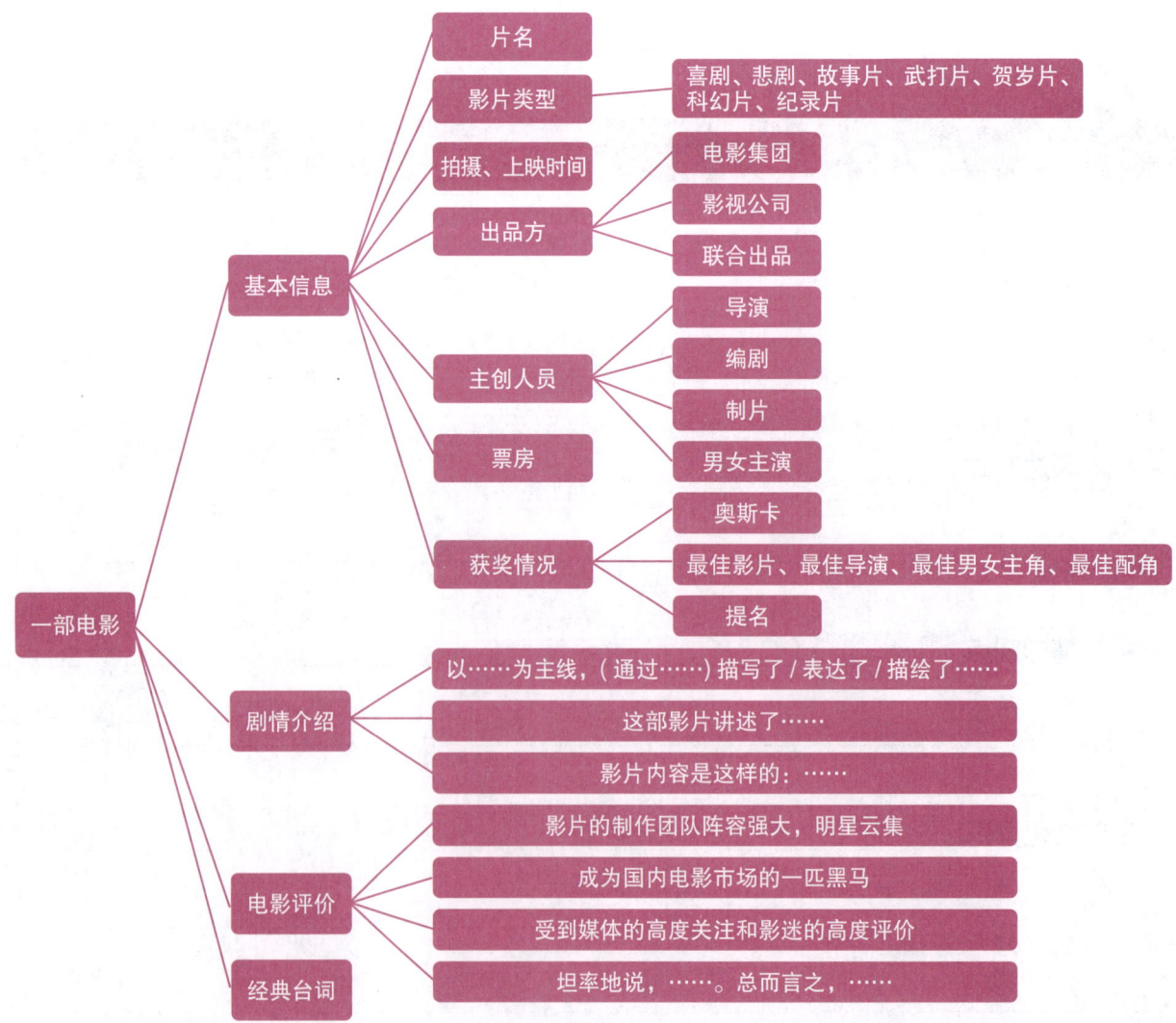

参考词语

1	出品	chūpǐn	动	制造出来产品。
2	贺岁片	hèsuìpiàn	名	为祝贺新年或春节而上映的影片。
3	编剧	biānjù	名	编写剧本的人。
4	制片	zhìpiàn	名	一般指电影公司的老板或资方代理人（producer）。
5	大名鼎鼎	dàmíng-dǐngdǐng		形容名气很大。
6	扮演	bànyǎn	动	化装成某种人物某一角色表演。
7	上映	shàngyìng	动	（电影）放映、上演。
8	主线	zhǔxiàn	名	这里指故事情节发展的主要线索
9	主人公	zhǔréngōng	名	文艺作品中的中心人物。
10	票房	piàofáng	名	指上演电影、戏剧等的售票收入。
11	结尾	jiéwěi	名	结束的部分。
12	续集	xùjí	名	多指电视连续剧或电影播出每一部之后，再开拍的后续作品。
13	台词	táicí	名	戏剧角色所说的话。
14	对白	duìbái	名	戏剧、电影中角色之间的对话。
15	好莱坞	Hǎoláiwù		Hollywood。
16	奥斯卡	Àosīkǎ	名	Oscar。

参考表达

1.这部影片的总制片人是……，导演是……，编剧是……，男主角……由……扮演，女主角……。总而言之，影片的制作团队阵容强大，明星云集。

2.影片中有很多漂亮的女明星，有很多时尚元素，还有很多幽默的对白。一句话，这是一部值得一看的喜剧片。

3.影片以……为主线，通过主人公……和……的故事，描写了……。

4.影片内容是这样的：……

5. 这部电影讲述了……的故事。

6. 电影无所谓有没有教育意义，无所谓获奖不获奖，只要观众认可就足够了。

坦率地说，影片其实没什么太精彩的剧情，是一部商业片味道很浓的电影，可是观众好像都可以在电影里看到自己或周围人的影子。搞笑的内容让我们捧腹大笑的同时，或许也可以让我们明白某种道理。

词语练习

上映　　加上　　主人公　　知名度　　贺岁片　　陆续　　脱口而出　　大名鼎鼎

1. ＿＿＿＿＿一定要是喜剧才好，这样才符合节日气氛。

2. 这部影片是全球同步＿＿＿＿＿的，无论你在哪儿都有机会第一时间看到。

3. 成龙不仅在中国国内拥有众多影迷，在国外也有极高的＿＿＿＿＿。

4. 电影快要开始了，观众＿＿＿＿＿走进影院。

5. 高质量，低价格，再＿＿＿＿＿有效的推销方式，这个产品一下子就占领了市场。

6. 他被大家称为"成语词典"，每次问到一个成语，他想都不想，总是能＿＿＿＿＿。

7. 这部电影的导演是＿＿＿＿＿的张艺谋。

8. 这部影片的男＿＿＿＿＿是一个十一岁的男孩。

描述　　对白　　围绕　　影子　　喜剧片　　捧腹大笑

1. 老师请大家把看到电影情节用语言＿＿＿＿＿出来。

2. 这是一部描写大学生生活的电影，我们可以在影片中看到自己的＿＿＿＿＿。

3. 我喜欢看＿＿＿＿＿，一边看一边笑，又轻松又愉快。

4. 马戏表演中小丑的出现，常常让观众＿＿＿＿＿。

5. 模仿电影中人物的＿＿＿＿＿是学习外语时练习口语的好方法。

6. 请大家＿＿＿＿＿"是否应该采用AA制"这一主题展开辩论。

票房　续集　风靡　浓厚　台词　结尾

1. 这部电影获得了巨大成功，电影制片厂已经开始拍_____了。
2. 影片上映一周以来，_____已经突破了两千万。
3. 我太喜欢这个角色了，他的每一句_____我都非常熟悉。
4. 七十年代，邓丽君的歌曲_____全国，她也成为无数人心中的偶像。
5. 我不喜欢他的小说，看了开头就知道_____，太没有悬念了。
6. 他们的服装都带有_____的地方色彩。

其他讨论话题

1. 明星的票房号召力有多大？
2. 电影是否一定要有教育意义？是否一定要告诉人们某种道理？
3. 电影应该注重娱乐性还是教育性？为什么？
4. 大量外国影片的进口是否构成文化入侵？

活动任务二

介绍一项体育运动。

任务步骤：

    1. 参考活动任务一，准备本任务的思维导图；
    2. 列出相关词语和表达；
    3. 列出完成任务的步骤；
    4. 介绍及展示。

其他讨论话题

1. 谈谈你最喜欢或最擅长的体育运动。
2. 你认为世界上最受欢迎的体育运动是什么？

3. 谈谈世界上身价最高的运动员。

4. 你如何看待体育比赛中的兴奋剂问题？

5. 你如何看待从事极限运动的人？

6. 谈谈你对"友谊第一，比赛第二"这句话的看法。

我的收获

- 常用词语

- 表达方式

- 精彩观点

- 文化异同

词语总表

A	按部就班	ànbù-jiùbān	成	2
B	伴侣	bànlǚ	名	1
	保健	bǎojiàn	动	10
	备	bèi	副	6
	备案	bèi//àn	动	2
	变迁	biànqiān	动	5
	便捷	biànjié	形	4
	标签	biāoqiān	名	3
	不屑一顾	búxiè-yígù	成	10
	不在话下	búzài-huàxià	成	7
	不得已	bùdéyǐ	形	2
	不可思议	bùkě-sīyì	成	6
	不言而喻	bùyán'éryù	成	13
C	参照	cānzhào	动	3
	策略	cèlüè	名	4
	肠胃	chángwèi	名	11
	尝试	chángshì	动	8
	偿还	chánghuán	动	13
	潮流	cháoliú	名	7
	称号	chēnghào	名	7
	惩罚	chéngfá	动	1
	吃不消	chībuxiāo	动	13
	吃亏	chī//kuī	动	13
	迟早	chízǎo	副	2
	持之以恒	chízhī-yǐhéng	成	9
	出人头地	chūréntóudì	成	9
	厨艺	chúyì	名	7
	处境	chǔjìng	名	3
	从未	cóngwèi	副	11
	存单	cúndān	名	1
D	搭车	dā//chē	动	7
	搭话	dā//huà	动	9
	达人	dárén	名	7
	打发	dǎfa	动	11
	大材小用	dàcái-xiǎoyòng	成	9
	大势所趋	dàshìsuǒqū	成	5
	大手大脚	dàshǒu-dàjiǎo	成	13
	但凡	dànfán	副	2
	诞辰	dànchén	名	6
	当之无愧	dāngzhīwúkuì	成	6
	导航	dǎoháng	动	5
	低碳	dītàn	形	10
	点拨	diǎnbō	动	9
	电源	diànyuán	名	10
	定位	dìng//wèi	动	5
	督促	dūcù	动	2

177

多元	duōyuán	形	2	各司其职	gèsī-qízhí	成	2
多姿多彩	duōzī-duōcǎi	成	9	更新	gēngxīn	动	4
E 噩梦	èmèng	名	1	更有甚者	gèng yǒu shèn zhě		9
二氧化碳	èryǎnghuàtàn	名	10	公敌	gōngdí	名	8
F 发泄	fāxiè	动	4	公立	gōnglì	形	2
法宝	fǎbǎo	名	11	共赢	gòngyíng	动	7
翻天覆地	fāntiān-fùdì	成	5	沟通	gōutōng	动	9
反感	fǎngǎn	形	13	苟同	gǒutóng	动	12
房东	fángdōng	名	13	估算	gūsuàn	动	12
肥胖	féipàng	形	8	孤独	gūdú	形	7
分流	fēnliú	动	5	怪异	guàiyì	形	11
分摊	fēntān	动	7	馆藏	guǎncáng	名	3
分享	fēnxiǎng	动	1	归咎	guījiù	动	9
丰厚	fēnghòu	形	9	规范	guīfàn	形	2
风靡	fēngmǐ	动	6	过度	guòdù	形	10
锋利	fēnglì	形	6	过关	guò//guān	动	4
服用	fúyòng	动	8	过来人	guòláirén	名	9
辐射	fúshè	动	6	过于	guòyú	副	9
覆盖	fùgài	动	6	**H** 哈欠	hāqian	名	1
G 概率	gàilǜ	名	1	含义	hányì	名	7
干	gān	副	11	行家	hángjia	名	7
感染	gǎnrǎn	动	1	合情合理	héqíng-hélǐ	成	13
高昂	gāo'áng	形	5	何尝	hécháng	副	2
高手	gāoshǒu	名	7	何苦	hékǔ	副	8
告状	gào//zhuàng	动	1	和睦	hémù	形	13
格式	géshì	名	9	黑社会	hēishèhuì	名	3
隔三岔五	gésān-chàwǔ	成	13	衡量	héngliáng	动	5

后顾之忧	hòugùzhīyōu	成	12
呼应	hūyìng	动	10
化	huà	后缀	2
缓解	huǎnjiě	动	5
回收	huíshōu	动	10
昏天黑地	hūntiān-hēidì	成	11
豁达	huòdá	形	7

J

即便	jíbiàn	连	11
几经	jǐjīng	动	11
加剧	jiājù	动	5
加重	jiāzhòng	动	10
家用	jiāyòng	名	12
检索	jiǎnsuǒ	动	3
简介	jiǎnjiè	名	3
见外	jiànwài	动	13
交往	jiāowǎng	动	1
绞尽脑汁	jiǎojìn-nǎozhī	成	4
皆	jiē	副	8
节能	jiénéng	动	10
拮据	jiéjū	形	12
解除	jiěchú	动	12
解雇	jiěgù	动	4
届时	jièshí	副	12
借鉴	jièjiàn	动	5
斤斤计较	jīnjīn-jìjiào	成	13
紧缺	jǐnquē	形	5

锦上添花	jǐnshàng-tiānhuā	成	1
尽情	jìnqíng	副	4
尽兴	jìnxìng	动	11
进度	jìndù	名	2
精灵	jīnglíng	名	1
精通	jīngtōng	动	7
久而久之	jiǔ'érjiǔzhī	成	13
就餐	jiùcān	动	5
就算	jiùsuàn	连	11
就座	jiù//zuò	动	13
聚餐	jù//cān	动	13
均摊	jūntān	动	7

K

开销	kāixiāo	名	12
堪称	kānchēn	动	6
慷慨	kāngkǎi	形	13
瞌睡	kēshuì	动	11
克隆	kèlóng	动	6
酷爱	kù'ài	动	1
快捷	kuàijié	形	5
况且	kuàngqiě	连	13
困惑	kùnhuò	形	3
扩散	kuòsàn	动	1

L

劳动力	láodònglì	名	12
老马识途	lǎomǎ-shítú	成	12
乐此不疲	lècǐ-bùpí	成	11
冷漠	lěngmò	形	13
理科	lǐkē	名	2

	理念	lǐniàn	名	7		批改	pīgǎi	动	2
	理所当然	lǐsuǒdāngrán	成	7		偏见	piānjiàn	名	3
	理直气壮	lǐzhí-qìzhuàng	成	8		拼凑	pīncòu	动	7
	力不从心	lìbùcóngxīn	成	2		拼合	pīnhé	动	7
	历来	lìlái	副	12		拼争	pīnzhēng	动	7
	流程	liúchéng	名	3		平台	píngtái	名	4
	录取	lùqǔ	动	2	**Q**	期刊	qīkān	名	1
	旅伴	lǚbàn	名	11		期望值	qīwàngzhí	名	9
	屡见不鲜	lǚjiàn-bùxiān	成	10		起草	qǐ//cǎo	动	9
	律法	lǜfǎ	名	1		千不该，万不该	qiān bù gāi, wàn bù gāi		11
	伦理	lúnlǐ	名	6		前所未有	qiánsuǒwèiyǒu	成	6
	落伍	luò//wǔ	动	8		前提	qiántí	名	4
M	毛遂自荐	máosuì-zìjiàn	成	9		潜在	qiánzài	形	4
	冒犯	màofàn	动	3		青睐	qīnglài	动	6
	冒昧	màomèi	形	13		轻轨	qīngguǐ	名	5
	魅力	mèilì	名	4		清单	qīngdān	名	11
	迷恋	míliàn	动	4		晴雨表	qíngyǔbiǎo	名	7
	免除	miǎnchú	动	10		趋势	qūshì	名	2
	描述	miáoshù	动	3		取代	qǔdài	动	10
	铭记	míngjì	动	13		全职	quánzhí	形	2
	模式	móshì	名	2		劝说	quànshuō	动	8
	目瞪口呆	mùdèng-kǒudāi	成	13		群体	qúntǐ	名	7
N	乃至	nǎizhì	连	9	**R**	人满为患	rénmǎn-wéihuàn	成	11
P	排放	páifàng	动	10		融洽	róngqià	形	13
	排行榜	páihángbǎng	名	3		如意	rúyì	动	11
	泡汤	pào//tāng	动	11		如影随形	rúyǐngsuíxíng	成	11
	配偶	pèi'ǒu	名	1					

S	三天打鱼，两天晒网	sāntiān-dǎyú, liǎngtiān-shàiwǎng	成	8		素食	sùshí	动	10
	扫地	sǎo//dì	动	8		随身	suíshēn	形	11
	杀手	shāshǒu	名	6		缩略	suōlüè	动	7
	筛选	shāixuǎn	动	3	**T**	瘫痪	tānhuàn	动	5
	善待	shàndài	动	10		蹚	tāng	动	11
	赡养	shànyǎng	动	12		倘若	tǎngruò	连	13
	设身处地	shèshēn-chǔdì	成	9		掏腰包	tāo yāobāo		13
	设施	shèshī	名	8		淘汰	táotài	动	7
	升级	shēng//jí	动	4		特长	tècháng	名	3
	生分	shēngfen	形	13		提交	tíjiāo	动	3
	时下	shíxià	名	4		体面	tǐmiàn	形	8
	实惠	shíhuì	形	7		体制	tǐzhì	名	4
	始料不及	shǐliàobùjí	成	6		替代	tìdài	动	5
	视觉	shìjué	名	6		天经地义	tiānjīng-dìyì	成	13
	首位	shǒuwèi	名	3		添置	tiānzhì	动	11
	瘦身	shòu//shēn		8		跳绳	tiàoshéng	动	8
	枢纽	shūniǔ	名	5		贴补	tiēbǔ	动	12
	双刃剑	shuāngrènjiàn	名	6		头号	tóuhào	形	8
	瞬息万变	shùnxī-wànbiàn	成	6		徒劳	túláo	动	11
	司空见惯	sīkōng-jiànguàn	成	13		推崇	tuīchóng	动	5
	私立	sīlì	形	2		退学	tuì//xué	动	2
	私塾	sīshú	名	2	**W**	外貌	wàimào	名	3
	饲养	sìyǎng	动	10		微薄	wēibó	形	12
	搜索	sōusuǒ	动	4		维护	wéihù	动	13
	素不相识	sùbùxiāngshí	成	7		尾气	wěiqì	名	10
						未免	wèimiǎn	副	9
						温室气体	wēnshì qìtǐ		10

文案	wén'àn	名	4	眼罩	yǎnzhào	名	11
文科	wénkē	名	2	痒	yǎng	形	1
无底洞	wúdǐdòng	名	6	依赖	yīlài	动	4
无可非议	wúkěfēiyì	成	9	一目了然	yímù-liǎorán	成	9
无异	wúyì	动	6	遗忘	yíwàng	动	1
无意	wúyì	副	1	以便	yǐbiàn	连	3
X 吸尘	xī//chén	动	8	以貌取人	yǐmào-qǔrén	成	8
昔日	xīrì	名	12	以至于	yǐzhìyú	连	6
细节	xìjié	名	4	一点一滴	yìdiǎn-yìdī	成	10
显贵	xiǎnguì	形	7	一举两得	yìjǔ-liǎngdé	成	8
限定	xiàndìng	动	3	因材施教	yīncái-shījiào	成	2
相聚	xiāng jù		13	饮食	yǐnshí	名	8
相应	xiāngyìng	动	12	营销	yíngxiāo	动	4
想必	xiǎngbì	副	10	应对	yìngduì	动	9
消亡	xiāowáng	动	7	应用程序	yìngyòng chéngxù		4
小众	xiǎozhòng	名	2	拥堵	yōngdǔ	动	5
心有余而力不足	xīn yǒuyú ér lì bùzú		12	有百利而无一害	yǒu bǎi lì ér wú yí hài		4
薪水	xīnshui	名	9	有数	yǒushù	动	13
型	xíng	后缀	10	有幸	yǒuxìng	形	3
虚拟	xūnǐ	形	4	诱惑	yòuhuò	动	4
学龄	xuélíng	名	2	郁闷	yùmèn	形	11
雪上加霜	xuěshàng-jiāshuāng	成	9	预测	yùcè	动	12
雪中送炭	xuězhōng-sòngtàn	成	1	原本	yuánběn	副	11
Y 延伸	yánshēn	动	5	约束	yuēshù	动	4
严峻	yánjùn	形	6	**Z** 再生	zàishēng		10
衍生	yǎnshēng	动	7	在乎	zàihu	动	1

着迷	zháo//mí	动	4	众多	zhòngduō	形	8
折腾	zhēteng	动	8	诸多	zhūduō	形	10
折射	zhéshè	动	7	逐年	zhúnián	副	2
诊断	zhěnduàn	动	4	注册	zhùcè	动	2
征收	zhēngshōu	动	5	咨询	zīxún	动	7
整整	zhěngzhěng	副	11	自拔	zìbá	动	4
支取	zhīqǔ	动	1	自卑	zìbēi	形	8
蜘蛛	zhīzhū	名	5	自传	zìzhuàn	名	3
职场	zhíchǎng	名	9	自理	zìlǐ	动	12
指教	zhǐjiào	动	7	足以	zúyǐ	动	6
指南	zhǐnán	名	11	罪过	zuìguo	名	6
智力	zhìlì	名	3				